Paul Tournier

Jeder Tag ist ein Abenteuer

Herderbücherei Band 531   224 Seiten, 2. Aufl.

Das Verlangen nach Abenteuer bestimmt jedes menschliche Leben. Wir suchen es da und dort, es fordert uns heraus, es läßt uns oft leer. Der international bekannte Genfer Tiefenpsychologe ist diesem Erlebnis bis auf die Wurzel nachgegangen und zeigt, daß Wagnis und Abenteuer in allen Lebensphasen für die Selbstverwirklichung des Menschen notwendig sind. Er zeigt, wie wir zu innerer Sicherheit, auch in Rückschlägen, finden können.

Geborgenheit – Sehnsucht des Menschen

Herderbücherei Band 399   240 Seiten, 6. Aufl.

Der Verlust der inneren Geborgenheit ist die oft verdrängte Ursache schwerer Erkrankungen. Wie kann der gefährdete Mensch die Sicherheit des Lebens wiedergewinnen oder behaupten? Das zeigt der Autor im Rückgriff auf viele psychotherapeutische Gespräche in diesem Taschenbuch. Es kann helfen, verlorenes Selbstvertrauen zurückzugewinnen.

Durchbruch zur Persönlichkeit

Herderbücherei Band 621   224 Seiten

Die meisten Menschen tragen eine Maske, die sich unbewußt unter dem Druck der sozialen Verhältnisse gebildet hat. Sie dient der Selbstbehauptung und der reibungslosen Anpassung an die Umwelt. Aber sie entfremdet uns von den Mitmenschen und vor allem von uns selbst. Darum leiden wir oft darunter. Wie finden wir wieder zu uns selbst? Das ist eine der bedrängendsten Fragen unserer Zeit. Der Autor bringt den Leser im Gespräch behutsam auf den Weg der Selbsterfahrung. Anhand vieler Beispiele aus seiner weltbekannten psychotherapeutischen Praxis zeigt er ihm, wie echte Personalität zum Durchbruch kommen kann. Wir brauchen nicht an Etiketten und Rollenzwängen zu ersticken.

in der Herderbücherei

Paul Tournier

Verstehen und schenken

Wege zu einer glücklichen Partnerschaft

Herderbücherei

Veröffentlicht als Herder-Taschenbuch
Lizenzausgabe der im Humata Verlag Harold S. Blume, Bern,
erschienenen Bücher
„Mehr Verständnis in der Ehe“ und
„Geschenke und ihr Sinn“
Übersetzt aus dem Französischen von Emilie Hoffmann
Titel der Originalausgaben:
„Difficultés conjugales“ (Labor et Fides, Genève)
„Les Cadeaux“

1. Auflage Juli 1976
2. Auflage November 1977

Herder Freiburg · Basel · Wien
Herstellung: Freiburger Graphische Betriebe 1977
ISBN 3-451-07577-6

Inhalt

Mehr Verständnis in der Ehe

Vor kurzem machte ich die Bekanntschaft eines amerikanischen Kollegen, eines Chirurgen aus New York. Er war mir gleich sehr sympathisch; doch wir hatten Mühe, uns zu verständigen, weil ich nur wenige Worte Englisch spreche und er nur wenige Worte Französisch kann! Aber es gelang uns trotzdem; denn wir waren beide von dem aufrichtigen Wunsch beseelt, uns zu verstehen. Diese Beobachtung führt mich schon mitten in das Thema der vorliegenden Studie hinein.

Um sich zu verstehen, muß man es wollen. Ja, wir dürfen vor allem nicht vergessen, daß die erste Bedingung zu einem gegenseitigen Verständnis ist, es selbst zu wünschen, zu suchen und zu wollen. Diese Behauptung erscheint ziemlich banal! Und dennoch ist die grundsätzliche Bereitschaft, den anderen zu verstehen, seltener, als man glaubt. Wir brauchen nur auf all die Gespräche in dieser Welt hinzuhören, seien es nun Gespräche zwischen Völkern oder zwischen Ehegatten; meistens hat es den Anschein, als ob Gehörlose miteinander sprächen. Jeder redet in erster Linie, um seine eigenen Ideen darzulegen, um sich zu rechtfertigen, sich zur Geltung zu bringen und den andern anzuklagen. Sehr selten zeugt ein Meinungsaustausch von einem wirklichen Willen, den Partner zu verstehen.

Der Chirurg, von dem ich sprach, war begeistert von seiner Arbeit an einem New Yorker Spital. Seine interessante Laufbahn, sein glänzender Erfolg brachten ihm vollste Befriedigung; nur ein Umstand machte ihm etwas Sorge: Seine Frau war sehr nervös. Er hatte sie zu einem der besten Psychiater von New York gesandt, mit dem er befreundet war. Weil seine Mutter ebenfalls angegriffene Nerven hatte, sandte er sie zu einem andern Psychiater und schließlich seine Schwiegermutter zu einem dritten. So hatte er seine Pflicht erfüllt. Die Chirurgen erheben keinen Anspruch darauf, sich in psychologischen Fragen auszukennen; deshalb überweisen sie solche Patienten einem Spezialisten.

Nun, eines Tages ließ der Psychiater, der die Frau des Chirurgen behandelte, diesen zu sich kommen und sagte zu ihm: „Weißt du, daß du dich nicht genügend um deine Frau kümmerst? Du müßtest sie mindestens einen Abend pro Woche ins Kino begleiten." Unser Chirurg ließ es nicht am guten Willen fehlen; er war durchaus bereit, die Ratschläge des Psychiaters zu befolgen. – „Einverstanden", antwortete er sogleich, „ich werde meine Frau jeden Freitagabend ins Kino führen." Und er tat es. Er gestand mir, daß er sich jeweils, wenn er aus dem Kino nach Hause kam, sehr befriedigt fühlte und ein ruhiges Gewissen hatte: nun, da seine Frau mit ihm im Kino gewesen war, konnte sie sich nicht mehr darüber beklagen, wenn er sie wegen seiner Arbeit an den andern Tagen der Woche allein ließ.

Wie man sieht, war der Rat des Psychiaters sehr vernünftig. Er hatte richtig erkannt, daß jene Frau im Grunde darunter litt, daß ihr Mann sich nicht genügend um sie kümmerte. Es war ein Ehepaar, wie es deren viele gibt, wo sich die beiden Gatten nach und nach gegenseitig entfremdet haben, ohne daß es zwischen ihnen je zu einem schweren Konflikt gekommen wäre.

Gerade darum habe ich dieses Beispiel gewählt. Wenn man von „Eheberatung" spricht, denkt man sofort an die extremsten Fälle, an drohende Scheidung, an Eheleute, die nichts als Streitigkeiten miteinander haben oder sich sogar oft schlagen. Aber es gibt viele andere, die unserer Aufmerksamkeit und Fürsorge ebenso bedürfen, weil im Grunde auch ihre Ehe gescheitert ist: sie leben nebeneinander her, ohne daß es zu Zusammenstößen kommt, aber sie stehen sich fern, da das wirkliche gegenseitige Verständnis fehlt.

Nun, unser Chirurg hat infolge des Eingreifens seines Freundes, des Psychiaters, begriffen, daß seine Frau es nötig hatte, wenigstens einmal pro Woche mit ihrem Mann ins Kino zu gehen. Das war bereits ein erster Schritt. Im Grunde jedoch hatte er seine Frau noch immer nicht verstanden. Zwischen diesen beiden Stufen des Verstehens besteht ein deutlicher

Unterschied. Viele Eheleute leben jahrelang zusammen, ohne sich im Innersten zu verstehen, ja selbst ohne danach zu streben. Wir beobachten dies in angesehenen, hochgebildeten, gesellschaftlich an der Spitze stehenden Familien, bei Persönlichkeiten ersten Ranges, bei Gelehrten, selbst bei Psychologieprofessoren! Sie scheinen sich nicht wirklich Rechenschaft darüber zu geben, daß ihrem Leben etwas fehlt, so interessant es auch in anderer Hinsicht sein mag; denn sie leben nicht mehr in einer lebendigen Gemeinschaft. Und wenn sie dabei auch manchmal so etwas wie ein schlechtes Gewissen haben, dann können sie es beschwichtigen, indem sie ihre Frau am Freitagabend ins Kino führen.

Die meisten Ehepaare treten mit sehr hohen Idealen in die Ehe. Es gibt sogar solche, die Kurse für Verlobte besucht haben, die dicke und gelehrte Bücher über das sexuelle Leben gelesen, viele interessante Dinge gelernt, psychologische Arbeiten studiert haben, manchmal fast zu viel! Wie viele können nach ein paar Jahrzehnten gemeinsamen Lebens sagen, daß ihre Ehe ihren Erwartungen entsprochen hat? – Sehr wenige! Das ist das Problem, das uns hier beschäftigt, über das wir nachdenken müssen.

Jeder in seinen Hoffnungen enttäuschte Mensch neigt natürlicherweise dazu, die Verantwortung für dieses Mißlingen auf den andern zu schieben: Der andere ist schuld daran! Das ist sehr viel leichter, als nach seiner eigenen Schuld zu suchen. Aber es ist völlig fruchtlos. Dieser Weg führt nur zu Trotz, Auflehnung und Bitterkeit, zu ständig wiederkehrenden gegenseitigen Vorwürfen der Ehegatten. Oder dann klagen sie das Schicksal an: Da denkt ein Mann etwa, er sei unglücklicherweise auf eine unmögliche Frau „hereingefallen", seine Frau beklagt sich, einen Mann zu haben, mit dem man nicht leben könne.

Um sich seiner Verantwortung zu entziehen, ist jeder rasch dazu geneigt, die Schuld auf den Charakter des Ehegatten zu schieben, auf dessen nervöse Veranlagung, dessen Fehler, dessen Erziehung, den Einfluß einer ganz andern Umgebung, in der er erzogen wurde. Diese Fragen sind zweifellos wichtig. Wir müssen versuchen, unsere Kinder bei der Wahl von Braut und Bräutigam zu leiten. Eine gewisse grundlegende Übereinstimmung ist von Vorteil. Aber es wäre eine vollkommene Utopie zu glauben, daß der Erfolg einer Ehe und die Möglichkeit eines völligen gegenseitigen Verstehens vor allem von den Gegebenheiten abhängen, die schon vor der Eheschließung vorhanden waren. Nein, die Ehe ist in erster Linie das, was man Tag für Tag aus ihr macht. „Sie ist ein Kunstwerk", sagte Lucien Bovet.

Lassen wir uns also nicht von einer törichten Philosophie des Glücks leiten, die vortäuscht, daß man eine „Perle" als Frau finden könne, wie man das große Los in der Lotterie ziehen kann. Übrigens ist es manchmal sehr unangenehm, mit einer „Perle" verheiratet zu sein, wenn man sich ihr nicht ebenbürtig fühlt!

Wichtig ist also, daß man zusammen das eheliche Glück aufbaut. Das ist ein zu erstrebendes Ziel, nicht ein Vorrecht, das man von vornherein besitzt. Und um dieses Glück aufzubauen, muß man sich verstehen. Die sogenannte „Unverträglichkeit der Charaktere“ ist ein von den Juristen erfundener Mythos, um in Ermangelung anderer Gründe vor Gericht für die Scheidung zu plädieren, und eine bequeme Entschuldigung für Ehegatten, mit der sie ihre Niederlage zu verdecken suchen. Ich für mein Teil glaube nicht daran. Es gibt keine unverträglichen Charaktere; es gibt Mißverständnisse, und es werden Fehler begangen, die man immer wiedergutmachen kann, wenn man es nur will.

Der häufigste Fehler scheint mir der Mangel an „Durchsichtigkeit“ zu sein. Es kommen viele Ehepaare zu mir. Hinter ihren Schwierigkeiten entdecke ich immer dieses Fehlen von loyaler und vollständiger gegenseitiger Offenheit, ohne die es kein wirkliches Verstehen zwischen ihnen geben kann. Ein Ehepaar, das den Mut aufbringt, sich immer alles zu sagen, wird sicherlich durch viele Erschütterungen hindurchgehen, aber es wird eine immer vollkommenere eheliche Gemeinschaft aufbauen können, während alle Geheimniskrämerei ein Anzeichen von Niederlage ist und zugleich auch der Weg, der sie herbeiführt.

Viele Eheleute sind sich gar nicht mehr bewußt, daß sie sich gegenseitig einen Teil ihrer Gefühle, ihrer Gedanken, ihrer Überzeugungen und persönlichen Reaktionen verheimlichen. Ein Ehemann sagte zu Beginn einer Sprechstunde ganz aufrichtig zu mir: „Oh, ich sage meiner Frau alles.“ Wir unterhielten uns dann über vieles, was ihn beschäftigte. Am Schluß fragte ich ihn: „Was denkt Ihre Frau von all dem?“ Die Antwort lautete prompt: „Oh, ich hüte mich, mit ihr darüber zu sprechen; sie würde mich doch nicht verstehen.“

Sie würde mich nicht verstehen, das heißt: sie ist mit mir nicht gleicher Ansicht, und ich will jeden Streit vermeiden. Es geschieht also sehr oft um des lieben Friedens willen, daß Ehegatten die Gewohnheit annehmen, gewisse Themen nicht zu berühren – und zwar gerade solche Themen, die sie innerlich sehr beschäftigen, Themen, die für ein wirkliches gegenseitiges Verständnis sehr wichtig sind. Dann verschwindet allmählich diese „Durchsichtigkeit“, die zwischen Mann und Frau bestehen sollte. Sie beginnen sich gegenseitig fremd zu werden und verlieren diese absolute Einheit, die das göttliche Gesetz der Ehe ist.

Als Gott die Ehe einsetzte, sagte er: „Sie werden ein Leib sein.“ Das heißt: Sie werden nicht mehr zwei, sondern eins sein. Eins sein bedeutet offensichtlich, kein Geheimnis vor dem andern zu haben. Sobald die Ehegatten anfangen, sich etwas zu verheimlichen, untergraben sie diese grundlegende Einheit der Ehe und betreten den Weg, der zur Niederlage führt. Und das ist sogar dann der Fall, wenn sie es in der besten Absicht tun, ja selbst wenn sie sich etwas sehr Gutes verheimlichen; denn man kann ebensogut etwas verschweigen, worüber man stolz ist, wie etwas, worüber man sich schämt. Es kann zu vorübergehenden Versöhnungen, zu Wiedergutmachungen, zu erneuten Annäherungen kommen. Eine echte Umkehr wird aber immer auf einer noch größeren und noch schwierigeren gegenseitigen Offenheit beruhen.

Viele Ehepaare denken fast wehmütig an die Zeit ihrer Verlobung zurück: Damals hatten sie den Eindruck, sich zu verstehen! Und warum? Weil sie miteinander sprachen, weil sie sich gegenseitig Einblick in ihr Innerstes gaben, weil es sie mit Freude erfüllte, einander zu verstehen und sich verstanden zu fühlen. Die Offenheit des einen bewirkte, daß auch der andere sein Herz öffnete. Sie lernten sich gegenseitig wirklich kennen, und jeder fühlte sich vom andern verstanden.

Und jetzt? – Sie sprechen nicht mehr wirklich miteinander. Sie können von vielen unwichtigen, gewöhnlichen Dingen reden, die sie nicht näher berühren, aber das Wesentliche, das Persönliche, das, was in ihrem Inneren vorgeht, kommt nicht mehr zur Sprache. Das echte Zwiegespräch ist abgebrochen; es besteht nur noch ein oberflächlicher Gedankenaustausch.

Es gibt sogar Ehepaare, die sich überhaupt nicht mehr miteinander unterhalten. Ich habe welche gekannt, die wochenlang kein Wort mehr zueinander sagten! Dadurch entsteht eine erdrückende Atmosphäre in der Familie. Man stelle sich vor, wie das auf die Kinder wirken muß, wenn am Familientisch ein Elternteil kein Wort mehr sagt, während der andere

Hut und geht weg, in seinen Verein." Die Frau ihrerseits kann eine wichtige Unterredung abbrechen, indem sie anfängt, sich mit sehr nützlichen Dingen zu beschäftigen, die sie aber ebensogut tun könnte, wenn ihr Mann im Büro ist. Es lassen sich leicht Pflichten finden, wenn man einem vertraulichen Gespräch entgehen will. Tatsache ist, daß sich viele Eheleute aus dem Wege gehen; sie fürchten sich vor einer in die Tiefe gehenden Aussprache; sie wenden die dafür notwendige Zeit nicht auf. Sogar in den Ferien sorgen sie für Betrieb, laufen Vergnügungen nach, laden nette Freunde ein, was aber alles nur dazu dienen soll, jedem ungestörten Beisammensein unter vier Augen aus dem Wege zu gehen. Es braucht viel Zeit, um eine wirkliche Ehe aufzubauen, viel mehr als den Freitagabend meines amerikanischen Kollegen. Eine offene und in die Tiefe gehende Aussprache läßt sich selten improvisieren. Sie muß durch ein allmähliches Sich-näher-Kommen langsam vorbereitet werden.

Um sich zu verstehen, dazu braucht es Mut. Diese Behauptung wird wahrscheinlich viele Leser überraschen, die sich das Sich-Aussprechen leicht vorstellen. Ja, bis zu einem gewissen Punkt mag das der Fall sein, aber nicht bis zum letzten. Fröhliche und gesellige Menschen bilden sich ein, es falle ihnen leicht, sich zu äußern. Aber das ist eben nur eine oberflächliche Aussprache. In Wirklichkeit verbergen sie ihre innersten Gedanken hinter ihrer Redseligkeit, wie verschlossene Menschen sie in ihrem Schweigen verstecken. Eine vollkommene Offenheit, die für ein tieferes Verständnis unerläßlich ist, erfordert viel Mut. Ich unterhielt mich lange mit einer Frau, die mir von ihrem Mann erzählte; sie sprach sogar mehr von ihm als von sich selbst. „Im Grunde haben Sie Angst vor ihrem Mann", sagte ich zu ihr. „Ja, das ist wahr", antwortete sie mir, „ich habe Angst vor meinem Mann." Das zeigt, daß wir schon so guten Kontakt miteinander hatten, daß sie offen zu sprechen wagte.

Man glaube jedoch nicht, daß nur die Frauen Angst haben. Es gibt auch Männer, die Angst haben vor ihrer Frau. Aber sie sind im allgemeinen stolzer als die Frauen, und es fällt ihnen schwerer, ihre Angst zuzugeben. Das ist einer der Unterschiede zwischen Mann und Frau: Die Frau macht meistens kein Geheimnis aus ihrer Angst, während der Mann sie verbirgt. Er versteckt sie beispielsweise hinter einer autoritären Miene. Unfreundlich und schroff schneidet er seiner Frau das Wort ab und unterbricht das Gespräch, vor dem er sich fürchtet, oder er läßt sich in weitläufige intellektuelle und wissenschaftliche Erklärungen ein, die jede persönliche Stellungnahme erübrigen. Immer will er das letzte Wort haben und verschleiert seine Angst vor einem Widerspruch durch wortreiche Reden – oder mit einem Zornausbruch oder auch mit hartnäckigem Schweigen.

Worin besteht diese Angst? Ich glaube, daß es zweierlei Arten von Angst gibt. Da ist zunächst die Angst vor dem Urteil und der Kritik. Diese Angst ist allgemein verbreitet, und sie ist viel größer, als man in der Regel vermutet. Und am meisten fürchten wir ein kritisches Urteil, wenn es von unserer Frau oder unserm besten Freund kommt, von all jenen, die wir besonders lieben und schätzen, gerade weil uns daran gelegen ist, auch ihre Liebe und Achtung zu besitzen.

Aber nun beurteilen wir uns alle auch selbst. Wir wissen sehr wohl, daß es beschämende Dinge einzugestehen gilt, wenn wir vollkommen aufrichtig sein und uns so zeigen wollen, wie wir sind, losgelöst von der vorteilhaften Rolle, die wir im Leben unaufhörlich zu spielen versuchen. Und es sind unsere nächsten Angehörigen, die unsere Schwächen am besten kennen und uns sehr begründete Vorwürfe zu machen haben. Deshalb spielen so viele Eheleute Versteckчен. Sie fürchten, daß ein tieferschürfendes Gespräch sie in ihrer Empfindlichkeit verletzen könnte, und das ist um so schmerzlicher, wenn es der geliebte Partner ist, von dem die Verletzung kommt.

Allerdings sind viele Eheleute rasch dabei, sich gegenseitig abzuurteilen. Auf jede Verurteilung folgt als Antwort eine weitere, in einer teuflischen Verkettung, die zerstörend wirkt. Jeder weist versteckt oder offen auf die Fehler des andern hin, um sich gegen dessen Anklagen zu verteidigen. Wenigen Ehegatten gelingt es wirklich anzunehmen, daß ihr Partner sich grundverschieden von ihnen verhält. Meistens hört man sie sagen: „Ich kann das nicht verstehen!"

Da ist eine etwas zu mißtrauische Frau: Es kann vorkommen, daß sie die an ihren Mann adressierten Briefe öffnet. „Ich kann eine solche Taktlosigkeit nicht verstehen", sagt ihr Mann. Es wäre aber gerade wichtig zu verstehen, woher dieser mißtrauische Charakter kommt und was ihn später so verschärft hat. Hier das Beispiel eines Vaters, der aus seinem Sohn unbedingt einen Ingenieur machen will. „Der Junge verliert auf unnötige Weise seine Zeit“, sagt die Mutter. „Mein Sohn hat keinerlei Neigung zu diesem Studium; er interessiert sich jedoch leidenschaftlich für Jazzmusik. Es ist lächerlich; ich verstehe meinen Mann nicht!“ Nun wäre es aber gerade wichtig zu verstehen, auf Grund welcher Ereignisse im persönlichen Leben des Vaters sich sein so eigensinniger Wille herausgebildet hat, aus seinem Sohn einen Ingenieur zu machen.

„Ich verstehe meine Frau nicht“, sagt ein anderer Mann, „sie beklagt sich, daß sie müde sei, und abends kann sie sich nicht entschließen, ins Bett zu gehen; sie läuft hin und her und beschäftigt sich mit tausenderlei nutzlosen Dingen; wenn ich ihr auch zehnmal sage, sie solle sich schlafen legen, es nützt nichts – ich finde das lächerlich, und es ärgert mich.“ Auch da wäre es gerade wichtig zu verstehen, woher diese Unruhe am Abend kommt.

Und schließlich noch das Beispiel einer Frau, die erklärt: „Ich kann nicht verstehen, warum es meinem Mann so schwerfällt, morgens aufzustehen; ich muß ihn mehrmals mahnen, daß es höchste Zeit sei. Nachher kann er nicht einmal mehr richtig frühstükken und kommt zu spät ins Büro; am Ende wird er noch seine Stelle verlieren – so etwas Dummes!“ Und doch – wäre es nicht gerade interessant zu begreifen, warum es diesem Mann so schwerfällt aufzustehen? Er weiß es wahrscheinlich selbst nicht. Was er weiß, ist nur, daß seine Mutter ihm schon dieselben Vorwürfe machte und daß alle Entschlüsse, die er in dieser Hinsicht gefaßt hatte, immer vergeblich waren.

„Ich kann nicht verstehen ..." – das will heißen: „Ich kann nicht verstehen, daß mein Ehepartner verschieden von mir ist, daß er anders denkt, fühlt und handelt als ich." Also fühlt sich dieser Ehepartner gerichtet, verurteilt, kritisiert, und davor hat jedermann Angst, gerade weil keiner von uns mit sich selbst zufrieden ist. Wir sind ganz besonders empfindlich in bezug auf Vorwürfe, die sich auf Fehler beziehen, die wir selbst für töricht halten und die wir trotz aufrichtigen Bemühens nie abzulegen vermochten.

Dann gibt es noch eine zweite Angst: die Angst vor Ratschlägen. Ich gebe ein Beispiel: Ein Mann hat Unannehmlichkeiten in seinem Büro. Im Anfang erzählt er seiner Frau davon. Sie aber, in ihrem Übereifer, ihrem Mann zu helfen, antwortet überstürzt und sagt: „Du mußt dir unbedingt diesen unzulänglichen Mitarbeiter vom Halse schaffen! Laß dir nicht auf den Füßen herumtrampeln, verteidige dich! Ich habe dir schon gesagt, daß du zuwenig energisch bist! Zeig diese Ungerechtigkeit auf der Direktion an ...", kurz, es regnet nur so von unausführbaren Ratschlägen. Diese Frau ist sich der Komplexheit der Probleme, denen ihr Mann gegenübersteht, nicht bewußt, und er hat den Eindruck, seine Frau halte ihn verantwortlich für all seine Schwierigkeiten und sehe ihn für einen Dummkopf an.

Dieser Ehemann ist im Begriff gewesen, seine Sorgen offen mit seiner Frau zu besprechen, aber ihr scharfer und selbstgefälliger Ton hat ihn erdrückt und ihm den Mund verschlossen, schon bevor er ihr alle Aspekte seines heiklen Problems hat verständlich machen können. Die Absicht seiner Frau war sehr gut gewesen, aber sie hat alles zerstört, weil sie überstürzt antwortete, anstatt zuerst lange zuzuhören, im Bestreben zu verstehen.

Das ist tragisch; denn diese Frau hat ja gerade ihrem Mann helfen wollen, und eine der schönsten Aufgaben der Frau ist es, ihren Mann zu trösten bei allen Schlägen, die ihm das Leben versetzt. Aber um zu trösten, ist es nicht nötig, viel zu sagen. Es genügt, zuzuhören, zu verstehen und zu lieben. Denken wir an eine Mutter, deren Kind sich weinend auf ihren Schoß flüchtet. Sie sagt kein Wort, und dennoch versiegen die Tränen augenblicklich; das Kind springt wieder auf den Boden, lacht von Herzen und wagt sich von neuem in die Welt vor, wo es neue Erschütterungen erleiden wird. In jedem Mann, selbst im berühmtesten und scheinbar stärksten, ist noch etwas von einem Kind vorhanden, das trostbedürftig ist.

Zehn Jahre später wird die oben erwähnte Frau vielleicht in meine Sprechstunde kommen und zu mir sagen: „Wenn wir Besuch haben, erzählt mein Mann viel aus seinem Berufsleben. Nur auf diese Weise erfahre ich etwas darüber, während ich mich doch so sehr dafür interessieren würde. Aber wenn wir allein sind, sagt er nichts. Ich fühle, daß er schwere Sorgen hat; ich bitte ihn inständig, mit mir darüber zu sprechen, aber er erwidert mir, daß ich es nicht verstehen könnte." Diese Frau gibt sich durchaus nicht darüber Rechenschaft, daß sie selbst ihrem Mann die Lust und den Mut genommen hat, sich mit ihr offen auszusprechen.

Die Menschen sind alle viel empfindlicher, als wir glauben; und die Männer meistens nicht weniger als die Frauen, aber sie zeigen es nicht. Auch sie fürchten Ratschläge ebensosehr wie kritische Urteile; denn sie fühlen sich durch beides verletzt. Übrigens empfinden sie auch Ratschläge oft als Verurteilung: Eine Frau, der alles einfach erscheint, die in allen Fällen versichert, sie wisse, wie man es machen müsse, damit es gut werde, erweckt bei ihrem Mann den Eindruck, daß sie ihn für unfähig halte, und das erträgt kein Mann.

Selbstverständlich verhält es sich genau gleich, wenn es der Mann ist, der seiner Frau übereilt antwortet und ihr gute Ratschläge erteilen will, wenn sie ihm etwas anvertraut hat: sie verträgt sich zum Beispiel nicht mit einer Nachbarin; diese wirft ihr im Lift böse Blicke zu oder sagt ihr beleidigende Worte ins Gesicht. „Setz dich darüber hinweg, und nimm es mit Humor", sagt ihr Mann sogleich, „du nimmst das viel zu wichtig und bist viel zu empfindlich!" Die Frau hat den Eindruck, daß ihr Mann sie nicht versteht, ja sogar die Partei der Nachbarin ergreift, anstatt sie selbst zu verteidigen. Das hat zur Folge, daß sie den täglichen Beleidigungen der Nachbarin gegenüber noch viel empfindlicher wird und ihr

Herz nun nicht mehr erleichtern kann, indem sie ihrem Mann von der Sache erzählt.

Um wirklich zu verstehen, muß man zuhören, und zwar lange und mit großer Aufmerksamkeit, und nicht antworten. Wenn man irgend jemandem helfen will, sich offen auszusprechen, muß man ihm Zeit lassen; man soll ihn nur gerade das Nötigste behutsam fragen, um ihm die Aussprache zu erleichtern, und vor allem darf man sich nicht den Anschein geben, besser zu wissen als er, was in seinem Fall hätte getan werden sollen, sonst läuft man Gefahr, daß er sich verschließt. Übrigens kann er sich auch verschließen, wenn man ihn zu sehr bedauert, so empfindlich ist die menschliche Seele.

Es gibt auch Männer, die erklären, daß sie ihre Unannehmlichkeiten für sich behalten, weil sie ihre Frau nicht mit Sorgen belasten wollen. Diese Männer meinen es damit vielleicht aufrichtig, aber sie machen sich selbst etwas vor. Es gibt immer tiefere Ursachen, die einer solchen Verschlossenheit zugrunde liegen. Auf jeden Fall ist es ein Zeichen dafür, daß es ihnen nicht gelungen ist, die wahre eheliche Gemeinschaft herzustellen. Eine Frau kann jede Sorge ertragen, wenn sie sich mit ihrem Mann verbunden weiß, wenn sie gemeinsam mit ihm sich den Schwierigkeiten entgegenstellen kann. Und vielleicht ist das der größte Kummer für eine Frau, wenn sie fühlt, daß ihr Mann schwere Sorgen hat, die er nicht mit ihr teilt. Es gibt viele Unverstandene in dieser Welt. Bei näherem Zusehen aber bemerkt man, daß sie immer selbst dafür verantwortlich sind, wenigstens teilweise. Wenn man sie nicht versteht, so deshalb, weil sie sich nicht ausgesprochen haben.

Warum sagen denn so viele Menschen in der Sprechstunde zu mir: „Ihnen kann ich mein Herz ausschütten; denn Sie verstehen mich“? In Wahrheit ist es vielmehr umgekehrt: Ich verstehe sie, weil sie mir Einblick in ihr Inneres geben. Ich verstehe sie manchmal weit besser als ihre Angehörigen, weil sie mir vieles sagen, was sie jenen verschweigen. Auch ist der Arzt neutraler. Schon durch seinen Beruf wird ihm in zunehmendem Maße alle Lust zu richten genommen, und er gewinnt die Überzeugung, daß man mit Ratschlägen kaum helfen kann, wenn der, dem man sie gibt, nicht bereit ist, sie zu befolgen. Und dann weiß der Arzt auch noch nichts über seinen Gesprächspartner; er vernimmt alles aus seinem Munde. Sicherlich ist er nicht leichtgläubig und läßt er sich von der Art, wie der Patient in jeder Situation die Dinge darstellt, nicht täuschen, aber diese Art selbst ist schon sehr aufschlußreich: Was im Leben zählt, für einen jeden von uns, sind nicht die Tatsachen, sondern die Art und Weise, wie wir sie sehen und auslegen.

Die Angehörigen hingegen haben sich schon eine vorgefaßte Meinung über den Sprechenden gebildet, und diese ist in gewisser Hinsicht immer falsch und fälscht die Auslegung seiner Worte. Das ist so wahr, daß ein Patient, den wir schon lange in Behandlung haben, eines Tages ohne unser Wissen durch die von uns über ihn gefaßte Meinung in seinem Verlangen nach vertraulicher Aussprache gelähmt wird: Er sagt uns nur noch, was wir, seiner Ansicht nach, imstande sind zu verstehen. Die Angst, nicht verstanden zu werden, ist wieder zum Vorschein gekommen bei ihm. Wir müssen uns selbst wieder lösen von dem Bild, das wir uns über ihn gemacht haben, damit er seine ganze Ungezwungenheit zur offenen Aussprache wiederfindet, so als ob er uns das erste Mal sähe.

Gleicherweise verhält es sich auch zwischen zwei Ehegatten. Jeder hat sich vom andern ein bestimmtes Bild gemacht, das teilweise richtig, aber sicher auch zum Teil falsch und auf jeden Fall zu starr ist, ein Phantasiegebilde, eine mehr oder weniger künstliche Theorie, die etwas über den Ehepartner aussagt, eine Art Diagnose, die über ihn gestellt wurde. Bekanntlich ist die häufigste Ursache einer falschen medizinischen Diagnose ein zu großes Vertrauen des Arztes in sich selbst und in die von ihm gestellte Diagnose, und das macht ihn blind für jede andere Interpretation der Symptome.

Sobald in einer Ehe einer der beiden Partner den Eindruck hat, daß der andere über ihn ein unwiderrufliches moralisches Urteil gefällt habe, wird ihm dadurch jede tiefere Aussprache verunmöglicht, und er verschließt sein Herz.

Dann kann es geschehen, daß ein solcher Mann mit irgendeinem Mädchen zu sprechen beginnt, dem er im Geschäft oder auf dem Sportplatz begegnet. Es wird ihm leichtfallen, sich mit ihm über viele Dinge auszusprechen, von denen er seiner Frau nichts mehr zu sagen wagt, und er erlebt von neuem das wunderbare Gefühl, nach dem jedermann Sehnsucht hat, das

Gefühl, verstanden zu werden. Unter Umständen wird er sogar von seinen ehelichen Schwierigkeiten zu sprechen anfangen; es gelingt den Männern leicht, eine Frau mit ihren ehelichen Enttäuschungen zu rühren. In der Sprechstunde wird dieser Mann vielleicht zu mir sagen: „Ich kann nicht mehr ohne diese junge Frau leben; denn sie versteht mich, während meine Frau mich nicht versteht." Das Drama nähert sich bereits.

Um sich zu verstehen, muß man sich lieben. Offensichtlich sind Verstehen und Lieben so eng miteinander verknüpft, daß man nie weiß, wo die Grenze zwischen beiden ist, welches Ursache und welches Wirkung ist. Wer liebt, versteht, und wer versteht, liebt. Wer sich verstanden fühlt, fühlt sich geliebt, und wer sich geliebt fühlt, vertraut darauf, verstanden zu werden.

Ein Mensch muß sich sehr stark geliebt fühlen, damit er ein sehr gefühlsbeladenes innerstes Geheimnis preisgeben kann: ein seltsames Erlebnis beispielsweise, das ihm eines Tages widerfahren ist und das ihm wie ein geheimnisvolles Eingreifen Gottes vorkam, oder irgendein Ideal, von dem er im Verborgenen träumt, das Vernehmen eines inneren Rufes für eine Aufgabe, die er in dieser Welt erfüllen soll. Es dünkt ihn, daß er nie den Mut aufbringen würde, mit jemandem darüber zu sprechen, aus Furcht, daß es lächerlich oder überheblich erscheinen könnte. Und plötzlich kann er eines Tages – ohne daß er wüßte, wie das gekommen ist – in einer Atmosphäre des Vertrauens sein Geheimnis preisgeben.

Das ist ein erschütterndes Erlebnis, aber es kommt selten vor. Tausenderlei Befürchtungen halten uns vor tieferen Geständnissen zurück. Beispielsweise ganz einfach die Angst davor, weinen zu müssen. Aber vor allem befürchten wir, daß der andere nicht ermißt, wieviel uns jene Erinnerung oder jenes Gefühl bedeutet. Wie würde es uns verletzen, wenn das Geständnis, das uns so viel kostete, nur mit halbem Ohr aufgenommen oder gar verspottet würde von jemandem, der nicht fähig ist, seine Tragweite zu ermessen.

So etwas kann zwischen Ehegatten vorkommen. Und der Teil, der auf diese Art sein Persönlichstes preisgegeben hat, ohne verstanden worden zu sein, fällt dann in bittere seelische Einsamkeit zurück, ja, er kann davon krank werden. In solchen Situationen werden die einen zum Pfarrer oder Priester gehen, die andern zum Arzt, einfach weil sie jemanden suchen, der sie versteht. In gewissen Fällen von Seelsorge oder Krankheit kann das Eingreifen eines Seelsorgers oder Arztes unerläßlich sein. Aber sehr oft können Ehegatten einander dieselbe befreiende Hilfe bringen, wenn sie einander nur mit der gleichen ungeteilten Aufmerksamkeit zuhören, wie es ein Pfarrer, Priester, Psychologe oder Arzt täte.

Was für ein schönes, großes und starkes Erlebnis ist es doch, wenn Ehegatten diese Erfahrung machen! Man kann nicht genug darauf hinweisen, wie groß das Bedürfnis der Menschen ist, wirklich gehört, ernst genommen, verstanden zu werden. Die Kirchen haben das von jeher gewußt, und die moderne Psychologie hat es von neuem deutlich aufgezeigt. Ein wesentlicher Faktor bei jeder psychotherapeutischen Behandlung ist dieses Vertrauensverhältnis, das die Möglichkeit schafft, alles zu sagen, so wie ein kleines Kind alles seiner Mutter anvertrauen kann. Niemand kann sich in dieser Welt frei entwickeln und entfalten, ohne sich nicht wenigstens von einem Menschen verstanden zu fühlen. Ein unverstandener Mensch verliert sein Selbstvertrauen, er verliert das Vertrauen ins Leben, ja sogar in Gott; er wird gehemmt und bleibt in seiner seelischen Entwicklung stehen.

Und da ist noch ein weiteres großes Geheimnis: Niemand lernt sich durch Selbstbetrachtung wirklich kennen, einsam vor seinem Tagebuch sitzend, sondern nur im Gespräch, in der Begegnung mit dem andern kann das geschehen; er wird sich seiner eigenen Überzeugungen nur bewußt, wenn er sie einem andern gegenüber zum Ausdruck bringt. Wer in sich selbst klar sehen will, muß sein Herz einem Menschen öffnen, zu dem er Vertrauen hat, den er sich freiwillig erwählte und der des Vertrauens würdig ist. Das kann ebensogut ein Freund wie auch ein Arzt sein oder dann der Ehegefährte.

Nun wird die Ehe zum großen Abenteuer, bei dem man immer neue Entdeckungen macht, sowohl bei sich selbst wie beim Ehepartner; man erhält täglich Gelegenheit, seinen Horizont zu erweitern, etwas Neues über das Leben, über den Menschen, über Gott zu lernen. Darum hat Gott – wie es auf den ersten Seiten der Bibel steht – gesagt: „Es ist nicht gut, daß der Mensch allein sei.“ Der Mensch hat Gemeinschaft nötig, er hat einen Partner nötig, eine echte Begegnung; er hat das Bedürfnis, den andern zu verstehen und sich vom andern verstanden zu fühlen.

Das gerade ist die Absicht Gottes gewesen, als er die Ehe einsetzte, wie die Bibel es erzählt. Allein kommt der Mensch nicht vorwärts, er erstarrt. Im ehelichen Zusammenleben mit seinen Ansprüchen muß er fortwährend über sich selbst hinauswachsen, sich entfalten, sich innerlich weiterentwickeln. Wenn die Ehe sich darauf beschränkt, daß sich zwei Menschen miteinander verbinden, die sich gegenseitig fremd bleiben, auch wenn sie friedlich miteinander leben, so ist sie zwecklos. Dann ist nicht nur die Ehe gescheitert, sondern auch die beiden Ehegatten haben eine Niederlage erlitten. Sie sind in ihrer Bestimmung als Mann und Frau gescheitert. Darauf verzichten, seinen Ehegefährten zu verstehen, heißt darauf verzichten, sich selbst zu verstehen, zu entwickeln, zu entfalten.

Die Psychologen, Spezialisten in Ehefragen – sie nennen sich jetzt oft Gamologen –, haben uns deutlich darüber aufgeklärt. Sie unterscheiden drei Abschnitte: Zuerst kommen die Flitterwochen; in dieser Zeit haben die beiden Partner den Eindruck, sich leicht und wunderbar zu verstehen. Da wird die junge Frau etwa sagen: „Mein Mann hat genau den gleichen Geschmack wie ich; wir stimmen ganz überein, wir verstehen uns in allen Dingen, wir können uns alles sagen. Er hat die gleichen Gedanken wie ich, er errät alle meine Wünsche und kennt alle meine Gefühle."

Während der ersten Jahre der Ehe besteht meist immer noch dieser Eindruck gegenseitigen, spontanen Verstehens und vollständiger Gleichheit wie in den Flitterwochen. Denn instinktiv wählen die Menschen einen Partner, der sie ergänzt. Jeder findet beim andern das wieder, was er beim Heranreifen verdrängt hatte, als er sich auf bestimmte Gebiete konzentrierte; daher dieses wunderbare Gefühl gemeinsamen Erfülltseins.

Dann kommt der zweite Abschnitt, den die Spezialisten im allgemeinen zwischen das fünfte und zehnte Ehejahr legen. Nun bemerkt jeder der beiden Ehegatten, daß der andere ihm nicht so ähnlich ist, wie er zuerst glaubte. Jeder entdeckt beim andern Fehler, die er anfangs nicht bemerkt oder von denen er zuversichtlich geglaubt hatte, daß sie im Glück der Liebe rasch verschwinden würden. Und doch sind es oft sehr peinliche und hartnäckige Fehler! Zorn, Egoismus, Lüge, Geiz, Unbeherrschtheit, Roheit, Trunksucht. Welche Enttäuschung! Zuerst macht man den andern freundlich darauf aufmerksam, dann probiert man es mit Schelten, Flehen, Drohen. Aber alles nützt nichts. Dann folgt der berüchtigte Satz: „Ich verstehe nicht..." Und nun kommt die Versuchung, zu entsagen, sich auf sich selbst zurückzuziehen, um den Konflikten aus dem Wege zu gehen.

Jetzt gelangen wir zum dritten Abschnitt. Die Lage wird sich in der Richtung entwickeln, die durch die vorhergehende Krise angedeutet wurde. Entweder kommt es zum fortschreitenden Verzicht auf den Kampf ums Glück, zu Trotz, Bitterkeit und Auflehnung: „Mein Mann ist nicht der Mensch, für den ich ihn hielt – meine Frau ist nicht so, wie ich sie mir vorstellte – ich habe mich getäuscht." Man kann dann eine Scheidung ins Auge fassen, ein Leben mit Streit ohne Ende führen oder sich verständigen, indem der eine der beiden Ehegatten kapituliert und sein Eigenleben aufgibt. Oder aber, man wirft die Flinte ins Korn und schließt einen Kompromiß: die beiden Ehegatten rücken voneinander ab, jeder richtet sich sein eigenes Leben ein, und sie entfremden sich in zunehmendem Maße.

Ein anderer Weg ist der des mutigen Ja-Sagens zur Wirklichkeit: Man nimmt seinen Ehepartner so an, wie er ist, ohne den vorteilhaften Glorienschein, mit dem man ihn umgeben hatte, und versucht, ihn zu verstehen. Gewiß hat er Fehler und Probleme, die er nicht zu lösen vermag. Er versteht sich selbst nicht und wird unwillig, wenn man ihm seine Fehler aufzeigt, eben weil er sich nicht stark genug fühlt, sie zu überwinden. Man kann ihm aber auf ganz andere Art helfen: gerade indem man ihn liebt, nicht mehr so sehr seiner guten Eigenschaften als seiner Schwierigkeiten wegen, indem man ihm Verständnis entgegenbringt, indem man begreift, was ihm alles in seiner Kindheit gefehlt hat, was ihm jetzt noch fehlt, indem man es ihm gibt.

Das heißt also, die Probleme ins Auge fassen, statt ihnen auszuweichen; sich ihnen gemeinsam entgegenstellen und miteinander danach trachten, sie zu lösen, indem man sich selbst und den andern besser zu verstehen sucht. Schwierigkeiten gibt es in jeder Ehe. Weatherhead, ein sehr bekannter englischer Geistlicher und Psychologe, erzählt irgendwo von einem Ehepaar, das zu ihm gekommen war und erklärt hatte: „Oh, wir haben nie Streit miteinander gehabt.“ Er bemerkt hiezu, daß er bei sich selbst gedacht habe: „Entweder lügen diese Leute, oder einer der beiden hat den andern erdrückt.“

Von diesen Problemen kann man sich während der Verlobungszeit kaum eine Vorstellung machen. Man hat mich einmal gebeten, in einem Kurs für Verlobte über Ehekonflikte zu sprechen. Aber alle meine Hörer waren davon überzeugt, daß sie nie welche haben würden. Deshalb ist die Enttäuschung so groß, wenn unvermutet Schwierigkeiten auftreten. Dann bemitleidet man sich selbst und betrachtet sich als ein vom Unglück verfolgtes Opfer.

Nun bedeutet es für Ehegatten schon eine große Erleichterung, wenn man zu ihnen sagt: „Sie haben Schwierigkeiten? Das ist ganz normal; das kommt bei allen Ehepaaren vor. Das ist sogar gut; eine glückliche Ehe ist erst die, in der die Ehegatten den Schwierigkeiten gemeinsam entgegentreten und sie überwinden; wer den Mut dazu nicht hat, scheitert in seiner Ehe.“ Man hilft einem solchen Ehepaar auch wesentlich dadurch, daß man von seinen eigenen Schwierigkeiten zu ihm spricht, von den Problemen, die es in der eigenen Ehe zu lösen galt, von der Zeit, die man aufwenden mußte, um sich besser zu verstehen, von den Krisen, die notwendig waren, und den tiefgreifenden Änderungen, durch die man hindurch mußte, um zu einer echteren Einheit zu gelangen, wobei man trotzdem die beiderseitigen Verschiedenheiten respektierte.

Ja, gerade durch die Gegensätze der Charaktere, des Geschmacks, der Gewohnheiten, der Vorurteile und der Überzeugungen werden die Ehepartner genötigt, sich intensiver um ein gegenseitiges Verständnis zu bemühen, was beide zu einer ganz neuen Entwicklung führt. Ich habe mir aus dem Tagebuch der Frau des berühmten Schriftstellers Leo Tolstoi einen hübschen Satz notiert. Er lautet: „Ich schreibe nur in mein Tagebuch, wenn wir böse aufeinander sind." Das besagt, daß ein Konflikt mit ihrem Gatten in ihr eine heilsame Erschütterung auslöste und sie über vieles nachdenken ließ, mit dem sie sich in ihrem Tagebuch auseinandersetzte. Sicher mußte ihr nach einer Versöhnung am folgenden Tag das alles viel weniger schlimm vorkommen, als sie geglaubt hatte.

Es verbirgt sich trotzdem immer etwas Wahres hinter diesen leidenschaftlichen Erregungen, die durch eine Krise hervorgerufen werden. Und es ist wichtig, daß man am folgenden Tag dann zusammen in Ruhe die versteckten Probleme untersucht, die hier zum Vorschein kommen. Dann wird eine in die Tiefe gehende Aussprache neues Licht auf sie werfen, so daß man die verborgenen Ursachen versteht. Viele Eheleute aber werden im Gegenteil einfach zur Tagesordnung übergehen – wie sie sagen –, sehr froh darüber, den Frieden wiedergefunden zu haben; aber sie haben dabei nichts gelernt; sie verschieben das

Gespräch auf die nächste Krise, wo es dann wieder zu einer heftigen und unfruchtbaren Auseinandersetzung kommen wird.

Es braucht Mut dazu, sich all den Problemen zu stellen, die durch die vollkommene gegenseitige Anpassung zweier Personen entstehen. Die Menschen sind sehr verschieden voneinander; das ist eine in die Augen springende Tatsache. Und trotzdem wollen nur die wenigsten das wirklich zugeben, besonders wenn es sich um den Ehepartner handelt. Daß dieser einen andern Geschmack, eine andere Einstellung, andere Ideale haben soll, wird im Anfang als Herausforderung, als Tadel und Beleidigung empfunden. Die gleichen Reaktionen sehen wir bei Eltern, wenn sie an ihren heranwachsenden Kindern Neigungen entdecken, die sie aufs höchste mißbilligen. Bis man gelernt hat zu verstehen, daß der Ehegefährte weitgehend verschieden von einem selbst ist, muß man schon ein beträchtliches Stück Weges zurückgelegt haben.

Um sich zu verstehen, muß man die Verschiedenheiten der Wesensart anerkennen. Ich denke da an ein befreundetes Ehepaar. Der Mann ist Universitätsprofessor und Schriftsteller von Ruf. Dichter und Denker benötigen Stunden der Stille, um zu meditieren und ihr Werk reifen zu lassen. In solchen Augenblicken hat es den Anschein, als ob sie nichts täten. „Da du gerade nichts zu tun hast, komm und hilf mir die Leiter im Garten aufstellen, um die Äpfel zu pflücken“ unterbricht ihn seine Gattin, eine sehr geschäftige Hausfrau. Da du nichts zu tun hast! Wir haben hier zwei gegensätzliches Temperamente, ein meditatives und ein aktives, und unser Professor fühlt sich unverstanden. Eine andere Frau versteht nicht, daß ihr Mann nach den Bürostunden das Bedürfnis hat, sich im Gegenteil handwerklich zu betätigen. Wenn er eine Säge in die Hand nimmt, sieht sie nur den Schmutz und Staub auf dem Teppich, und sie beklagt sich darüber. Der Mann hingegen könnte etwas vorsichtiger sein: Er hat noch nicht verstanden, daß die Frau sich so weitgehend mit ihrem Heim identifiziert, daß sie sich selbst beschmutzt fühlt, wenn man ihren Teppich schmutzig macht.

So läuft jeder Gefahr, aus Mangel an Verständnis die Bedürfnisse des andern und vor allem deren Bedeutung für ihn zu verkennen. Dann kann es vorkommen, daß man sich darüber lustig macht und dadurch den andern schwer verletzt; man bespöttelt dieses oder jenes Steckenpferd, die Markensammlung des Mannes oder die Malversuche der Frau. Ein Scherz unter Verliebten kann voller Charme sein; wenn hingegen der Spott von Verständnislosigkeit zeugt, kann er sehr verletzend wirken.

Es bestehen auch grundlegende Unterschiede zwischen den verschiedenen Menschentypen: Die Extravertierten lieben das gesellige Leben, Fröhlichkeit und Betrieb; die Introvertierten sind ernsthaft veranlagt und suchen die Stille. C. G. Jung hat diese Typen beschrieben und auch aufgezeigt, daß Denken und Gefühl sich wie zwei Pole gegenüberstehen, und ebenso Intuition und Empfindung. Instinktiv wird ein sehr rational veranlagter Mann eine sehr gefühlvolle Frau heiraten, und diese Ergänzung wird ihn zuerst begeistern. Aber mit der Zeit wird er seiner Frau die objektive Ausdrucksweise der Vernunft begreiflich machen wollen. Er wird sich ärgern, wenn es ihm nicht gelingt; er wird ihr beweisen wollen, daß sie in ihren Gefühlsausbrüchen nicht logisch ist, was sie aber gar nicht bekümmert. Und sie wird ihrem Mann diesen kalten und rechthaberischen Ton vorwerfen, der das Leben zu ersticken droht. Gleicherweise werden ein intuitiver und ein wissenschaftlich denkender Mensch große Mühe haben, einander zu verstehen: Für den ersteren sind die Dinge nicht einfach Dinge, sondern Symbole für andere Werte, die ihm vorschweben und die er damit in Verbindung bringt; für den zweiten sind die Dinge nur das, was sie vorstellen, was man an ihnen wägen und messen kann. Und dennoch sind diese Menschen da, um einander zu ergänzen, um mit gegenseitiger Hilfe zu entdecken, was sie noch nicht wußten – das ist eine der Bedeutungen der Ehe.

Zu dieser Verschiedenheit der menschlichen Typen gesellt sich noch der Unterschied zwischen den Geschlechtern. Mann und Frau sind grundlegend voneinander verschieden, viel mehr noch, als sie glauben. Deswegen fällt es ihnen so schwer, sich zu verstehen, während sie zugleich einander so nötig haben für ihre Entfaltung. Ich glaube sogar, daß weder ein Mann eine Frau noch eine Frau einen Mann je ganz wird verstehen können.

So hat der Mann mehr Sinn für das Theoretische, die Frau mehr für das Persönliche. Wenn ich zu meiner Frau ganz allgemein über ein zur Diskussion stehendes Problem spreche, kann es geschehen, daß sie mich fragt: „Aber von wem sprichst du denn eigentlich?“ Ich sprach von niemandem; ich lege nur eine Theorie dar. Aber meine Frau hatte das Bedürfnis, sie auf einen konkreten Fall zu beziehen, auf eine Person. Die Frau denkt persönlich; sie bezieht alles auf ganz bestimmte Menschen. Anders die Männer, wenn sie unter sich sind und sich beispielsweise im Kaffee zum Kartenspiel zusammenfinden. Sie stellen wunderbare Theorien auf, wie die Welt regiert werden sollte, damit Friede und Nächstenliebe darin herrschen. Aber diese Theorien sind abstrakt, ohne Beziehung zur unmittelbaren Wirklichkeit. Wenn die Frauen dabei wären, würden sie sich darüber lustig machen, und die eine oder andere würde vielleicht zu ihrem Mann sagen: „Du tätest besser daran, mir beim Geschirrabtrocknen zu helfen oder dich um deinen Sohn und seine Schwierigkeiten in der Schule zu kümmern, anstatt mir allein die ganzen Besprechungen mit Lehrern und Psychologen zu überlassen.“ Es kann also durch die Frau und ihren Einfluß dem Mann der Sinn aufgehen für die „Person“, für den Eigenwert eines jeden Menschen. Eine nur durch den Mann geschaffene Zivilisation bleibt abstrakt, kalt, technisch, seelenlos.

Überdies ist das Denken der Frau auf Einzelheiten

gerichtet. Einzelheiten interessieren sie mehr als allgemeine Ideen. Wenn ihr Mann nach Hause kommt, hat sie das Bedürfnis, von allen Details der Erlebnisse des Tages zu berichten: welchen Hut ihre Freundin trug, welchen Mantel eine andere; was die Frau des Hauswarts oder die Verkäuferin im Lebensmittelgeschäft erzählt und was sie darauf geantwortet hat. Bald wird der Mann nur noch mit halbem Ohr hinhören, weil er nicht versteht, daß naturgemäß die Einzelheiten für die Frau eine große Bedeutung haben. Ihm erscheint das alles sehr langweilig und unwichtig. Und wenn die Frau merkt, daß der Mann ihr nicht mehr zuhört, daß er lieber seine Zeitung liest, um etwas über die großen Probleme der Welt zu erfahren, fühlt sie sich verlassen. Folglich verliert sich die Frau immer mehr in Details, die für sie eine immer größere Bedeutung annehmen, die Klatschereien, nachbarliche Eifersüchteleien, die Preisunterschiede in den Läden.

Sie wird immer mehr sprechen, immer mehr erzählen, aber es wird nur noch ein Monolog sein. Anstatt zu antworten, wird der Mann hie und da mit der Achsel zucken. Und die Langeweile, der gefährlichste Feind der Ehe, wie Theodor Bovet sagt, wird allmählich Einzug halten in diesem Heim. Bestimmt muß der Mann von der Frau lernen, daß die konkreten und persönlichen Einzelheiten ihre Bedeutung haben; ohne sie wären die allgemeinen Ideen nur mehr hohle Theorien. Und in dem Maß, wie er das begriffen hat, wird er seinerseits den Horizont seiner Frau erweitern können; er wird ihr persönliches Leben mit dem Geistesleben in Berührung bringen und ihre Bildung und ihr Denken bereichern. Wenn er sich eines Tages über Langeweile zu beklagen hat, so ist er selbst dafür verantwortlich; denn er ist es, der seiner Frau neue und fruchtbare Ideen bringen sollte.

Die Sprache selbst hat für den Mann eine andere Bedeutung als für die Frau. Mit Hilfe der Sprache äußert der Mann Ideen und vermittelt Kenntnisse, während die Frau durch sie Gefühle und Erregungen ausdrückt. Das erklärt, warum die Frau zehnmal dasselbe Erlebnis erzählen kann: Es geschieht nicht, um ihren Mann darüber zu unterrichten, der sie in verärgertem Ton unterbricht: „Aber das weiß ich ja schon, du hast es mir bereits gesagt." Die Frau hat das Bedürfnis, noch einmal dasselbe zu erzählen, um die Erregung abzuleiten, die das Erlebnis in ihr hervorgerufen hat. Viele Männer sind nicht einmal imstande, ihre Gefühle zum Ausdruck zu bringen, dieses „ich liebe dich" auszusprechen, das ihre Frau immer wieder hören möchte. Sie fragt: „Liebst du mich?" Er antwortet: „Das weißt du ja genau." Nicht daß sie es nicht wüßte, aber sie möchte es immer wieder von neuem hören. Und gerade das sagt ihr Gatte nicht.

Er bringt seine Gefühle auf andere Weise zum Ausdruck, durch eine Liebkosung, durch einen Blick, sogar durch ein mürrisches Brummen, oder auch in einer mehr indirekten Sprache, die seine Frau verstehen lernen muß. Ich erinnere mich noch gut an eine Frau, die gerade darunter litt, daß sie von ihrem Mann nie ein zärtliches Wort hörte. Eines Tages kam sie ganz aufgeregt zu mir: Ohne ihr ein Wort zu sagen, hatte ihr Mann Arbeiter kommen lassen, die im Wohnzimmer einen neuen Boden legen sollten. Das ganze Haus war in Unordnung und voller Staub, die Möbel hatte man im Korridor aufeinanderstellen müssen. Die Frau war sehr erzürnt deswegen. – Ich sagte zu ihr: „Jeder spricht, wie er kann. Das ist nun die Art und Weise, wie Ihr Mann seine Liebe zu Ihnen zum Ausdruck bringt. Fallen Sie ihm um den Hals, wenn Sie ihn verstanden haben, und sagen Sie zu ihm: ‚Wie sehr mußt du mich lieben, wenn du so viel Geld ausgibst, um mir das Wohnzimmer so schön herrichten zu lassen!'"

In vielen Familien gibt der Beruf des Mannes Anlaß zu ständigen Konflikten, und das in besonderem Maße, wenn dieser Beruf sehr interessant und fesselnd ist. Denken wir an unsern Chirurgen aus New York! Ich habe dies bei vielen Familien von Ärzten, Pfarrern, Professoren und Industriellen beobachtet, immer dann, wenn die Frau die ungeheure Bedeutung des Berufs für den Mann nicht verstanden hat. Sie hat den Mann geheiratet, aber nicht seinen Beruf. Und nun sind ihre Interessen nicht mehr dieselben. Er ist ganz in Anspruch genommen von seiner Arbeit, über die er kaum mehr zu seiner Frau spricht, gerade weil er fühlt, daß sie verärgert ist über diese Konkurrenz, die ihr den Gatten raubt. Sie sieht an seinem Beruf nichts anderes mehr als die Sorgen und Unannehmlichkeiten, die ihren Mann ermüden und mit finsterer Miene nach Hause kommen lassen, die offiziellen Diners, an denen sie nicht teilnehmen darf, die Reisen, die Überstunden, die seine Rückkehr ins Büro notwendig machen, die dringenden Telephonanrufe bei Notfällen. Ihr Mann brummt über diese Belästigung, wenn er den Telephonhörer aufhängt. Seiner Frau gegenüber läßt er seine schlechte Laune aus. Sie sieht ihn nicht, wie er einen Augenblick später beim Patienten wieder der fürsorgliche Arzt ist, erfüllt von Eifer und Interesse für die Probleme, die der Fall stellt.

Dann kann es vorkommen, daß die junge Frau eine Abneigung gegen den Beruf ihres Mannes faßt, den Beruf, dem er sich mit Leidenschaft hingibt und der den ganzen Reichtum seines Lebens ausmacht, und sie leben in zwei verschiedenen Welten. Sie sagt in verächtlichem Ton „dein Büro". Sie fühlt sich außerhalb der Welt ihres Mannes und glaubt, nur noch Brosamen von ihm zu empfangen, um die sie betteln muß. Entweder rächt sie sich, indem sie sich eine eigene Welt aufbaut, die in Putz und schönen Kleidern oder in Komitees und Wohltätigkeitswerken besteht und die ihr Mann für nutzlos hält, so daß sie immer weniger davon spricht. Um sich zu verstehen, muß man Anteil nehmen an dem, was den andern interessiert, begreifen, warum er sich dafür interessiert. Er äußert sich darüber nur, wenn er Anteilnahme beim andern fühlt; und durch seine Mitteilsamkeit kann er dem andern sein Interessengebiet immer verständlicher machen. Dann erweitert sich der Horizont der beiden Ehegatten, anstatt sich zu verengen. Ein wirkliches Verstehen führt immer zu einem Über-sich-Hinauswachsen der beiden Partner. Dann kann der Mann in seinem Heim neue Kräfte sammeln für seinen Beruf, und gleichzeitig gibt er auch dem geistigen Leben seiner Familie durch den Beruf neue Anregung. Die gegensätzlichen Interessen, unter denen so viele Ehepaare leiden, können sich nun ausgleichen.

Aber diese Verschiedenheit zwischen Mann und Frau erstreckt sich sogar bis in das Gebiet, das sie vereinigt, in das Gebiet der Liebe.

Um sich zu verstehen, muß man sich auch der Verschiedenheit in der Liebe bewußt sein.

Ein Psychologe verglich einmal das Leben eines Ehepaares mit einem Schauspiel und sagte: „Für die Frau ist die Liebe das Theaterstück selbst, für den Mann ist sie ein Zwischenspiel." Das Bild scheint mir richtig zu sein. Für den Mann ist die Liebe ein sehr mächtiger Impuls, der aber zeitlich begrenzt und hauptsächlich sexueller Natur ist und ganz aus leidenschaftlicher Begierde besteht. Dann wird der Mann wieder durch seinen Beruf in Anspruch genommen, und die Frau hat den Eindruck, verlassen zu sein. Ich spreche natürlich von wirklich männlichen Männern. Die, die sich für die Liebe allein interessieren, sind es kaum!

Hier fällt mir eine hübsche Erzählung ein, den Namen des Verfassers habe ich vergessen. Er beschrieb ein junges Paar nach seiner Ruckkehr von der Hochzeitsreise. Während einiger Wochen waren die beiden Liebenden immer beieinander gewesen und hatten einander alles bedeutet. Als nun der Mann am folgenden Tag ins Büro zurückkehrte, setzte sich die junge Frau auf einen Stuhl und brach in Tränen aus. „Nun bin ich ganz allein und verlassen", schluchzte sie. Es wird ein Tag kommen, da die junge Frau sich wieder von ihrem Sessel erhebt – hoffen wir es – und wieder Freude am Leben bekommt. Aber das wird gerade deshalb geschehen, weil alles, was sie tut, aus Liebe zu ihrem Mann geschieht. Sie kocht mit Liebe, sie kehrt und putzt mit Liebe, sie wäscht mit Liebe. Denn die Liebe ist für die Frau der Inbegriff des Lebens.

Der Mann indessen interessiert sich für seine Arbeit um dieser Arbeit selbst willen, um der technischen Probleme willen, die es zu lösen gilt; er interessiert sich für den Konkurrenzkampf in seiner Karriere und den Erfolg. An die Liebe wird er denken, wenn er wieder bei seiner Frau zu Hause ist. Selbst dann besteht ein Unterschied: Die Frau hat hauptsächlich ein Bedürfnis nach gefühlsmäßigem Ausdruck ihrer Liebe, was der Mann oft verkennt. Sie möchte gern zärtliche Worte hören, mit ihrem Mann spazieren gehen, in gemeinsamer Bewunderung etwas betrachten, was ihr gefällt; schweigend mit ihm in inniger Verbundenheit verweilen. Die liebende Frau empfindet ein dauerndes Bedürfnis nach Zärtlichkeit. Deshalb möchte sie, daß ihr Mann ständig um sie sei; sie zählt die Stunden, die er ihr schenkt, die Sonntage, an denen er zu Hause bleibt, die Abende, da er sie ins Kino führt. Das ist die Art, wie sie ihre Liebe zum Ausdruck bringt. Besucht ihr

Mann eine sportliche Veranstaltung, so seufzt sie: „Nun liebst du mich nicht mehr!“ Wenn er sich für andere Dinge interessiert, so bedeutet das, daß er sich nicht mehr für sie interessiert!

Oft sogar vermag eine Frau vollen sexuellen Genuß nur zu empfinden, wenn sie in einer Atmosphäre harmonischen Verstehens und durch lange zärtliche Gemeinschaft darauf vorbereitet wird. Die Liebeskurve des Mannes weist im Gegensatz dazu ein steiles Ansteigen zu einem Höhepunkt auf, worauf ein nicht weniger rasches Absinken erfolgt. Die Liebe des Mannes ist ihrem Wesen nach sexuell und gebieterisch. Das läßt die Frau manchmal sagen: „Du liebst mich nicht, du begehrst mich nur!“ Das heißt: Ich kann diese männliche Form der Liebe, die so kurz und impulsiv ist, weder begreifen noch annehmen. Ich möchte, daß mein Mann die Liebe ähnlich empfindet wie ich, in dieser sanften und dauernden Form. Solche Mißverständnisse können bei der Frau bis zum Abscheu vor dem Geschlechtsverkehr führen. Daß ihr Mann sich plötzlich mit ihr vereinigen möchte, in einem Augenblick, wo beide noch ganz erregt sind von einem Streit, kann sie kaum begreifen.

Vielen Frauen fällt es auch schwer, die vertraulichen Geständnisse ihres Mannes über sexuelle Versuchungen zu verstehen. Daß ein so angesehener, ehrbarer und gescheiter Mann sich von so elementaren und gewöhnlichen Versuchungen verleiten läßt, darüber ist seine Frau ganz entsetzt. Sie denkt vor allem auch, daß er nicht von andern Frauen träumen würde, wenn er sie wirklich liebte; dabei ist es doch gerade ein großer Beweis seiner Liebe, daß er es ihr offen eingesteht. Nun fühlt er sich jedoch unverstanden, abgeurteilt, ja sogar verachtet. Er wird sich verschließen und sich von nun an vor solchen Geständnissen hüten, die das eheliche Einvernehmen trüben. Und dieses verschleiernde Schweigen wird ihre Eintracht viel mehr gefährden als sein Geschlechtstrieb. Der beste Schutz gegen die sexuellen Versuchungen besteht darin, offen darüber sprechen zu können und so im wohlwollenden Verständnis der Ehegattin gewiß nicht eine Helfershelferin, aber eine wirksame Hilfe zur Überwindung der Versuchung zu finden.

Man muß einander verstehen, um sich gegenseitig zu helfen. Das führt uns noch weiter. In der Sexualität wie auch auf vielen andern Gebieten, etwa was den Stolz oder die Ehrlichkeit betrifft, sind die Frauen im allgemeinen und im großen und ganzen moralischer als die Männer. Ich sage mit Absicht „im großen und ganzen"; denn nichts ist so falsch und gefährlich, wie wenn man Vergleiche zwischen Menschen anstellt in bezug auf ihre Moral. Wir dürfen nie vergessen, daß Christus gesagt hat: „Die Ersten werden die Letzten sein, und die Letzten werden die Ersten sein." Es gibt keine schlimmere Verirrung, als wenn man sich seiner moralischen Unfehlbarkeit rühmt und sich frei glaubt von Sünden, die man dem andern ankreidet.

Aber indem ich mich hier auf weltliche Art ausdrücke, kann ich sagen, daß der Ehemann oft weniger tugendhaft ist als seine Frau; oder wenigstens, daß er sich im allgemeinen seiner Sünden mehr bewußt ist als sie. Er ist sich sehr wohl im klaren über seine sexuellen Begierden; er weiß, daß er seine Frau oder seinen Konkurrenten belügt, daß er die Steuer hinterzieht oder sich zu viel einbildet auf sein Können und seinen Erfolg. Vielleicht geht er darum weniger oft in die Kirche als die Frau: Er fühlt sich dort unbehaglich und kommt sich beinahe als Pharisäer vor, wenn er so öffentlich seine Frömmigkeit zur Schau stellt, während er doch sehr gut erkennt, was in Wirklichkeit in seinem Leben nicht in Ordnung ist, sich jedoch außerstande fühlt, dem abzuhelfen. Möglicherweise sieht man auch deshalb eher solche Männer in der Kirche, die nicht besonders männlich wirken, die nicht mitten im Lebenskampf drin stehen, weshalb es ihnen leichter fällt, ein scheinbar untadeliges Leben zu führen.

Die Frauen sind sich – wie solche Männer – im allgemeinen weniger ihrer Sünden bewußt. Nehmen wir als Beispiel die Eifersucht: Eine Frau kann ihre Schwiegertochter bis zum äußersten schikanieren und plagen, ohne im entferntesten zu ahnen, daß die Eifersucht sie dazu antreibt. Man würde sie aufs schwerste verletzen, wenn man es ihr sagte! Sie ist im Gegenteil davon überzeugt, aus Liebe zu handeln: Es geschieht aus Liebe zu ihrem Sohn und auch – wie sie denkt – aus Liebe zu ihrer Schwiegertochter, daß sie dieser die Fehler vorhält, die sie bei ihr zu finden glaubt, und sie trachtet danach, sie davon zu heilen, damit beide zusammen glücklicher seien. Sie wird in der Kirche ohne Unbehagen schöne Predigten über die Nächstenliebe anhören können und den Worten des Pfarrers in ihrem Herzen zustimmen, ohne sich im geringsten darüber Rechenschaft zu geben, daß sie voller Aggressivität gegen ihre Schwiegertochter ist, die ihre guten Ratschläge so widerwillig aufnimmt. Vielleicht sind viele Frauen auch deshalb so voller Skrupel und machen sich Gedanken über unbedeutende Sünden, weil sie sich der andern nicht bewußt sind.

Daraus folgt, daß der Mann im allgemeinen stärker von echten Schuldgefühlen bedrückt wird und daß es ihm um so schwerer fällt, mit seiner Frau offen darüber zu sprechen, je tugendhafter sie ihm erscheint und je mehr sie selbst sich für tugendhaft hält. Wie könnte sie, deren Betragen so lobenswert ist, das verstehen! Er fürchtet, daß sie ihn verachtet. Sie kommt ihm wie ein Polizist vor, wie eine Verkörperung des Sittengesetzes. Vielleicht fällt es ihm auch deshalb nicht leicht, sich einem Pfarrer oder Priester gegenüber zu eröffnen, weil diese in seinen Augen ebenfalls eine Verkörperung der Moral sind. Und nun sucht er vielleicht seine Zuflucht bei einer Frau, die gesellschaftlich und kulturell unter ihm steht, einer etwas leichtsinnigen Frau, die er im Grunde viel weniger achtet als seine eigene, aber er fühlt sich bei ihr ungezwungener; sie bewundert ihn und nimmt ihn so, wie er ist, samt allem, was ihn selbst an seinem Verhalten enttäuscht.

Auf diese Weise vollzieht sich mancher Ehebruch, den die tugendhafte Frau dann mit unerbittlicher

Strenge und voller Entrüstung verurteilt, wenn sie ihn entdeckt. Und auch dabei ist sie noch überzeugt, aus Liebe zu ihrem Mann zu handeln; in Wirklichkeit aber gräbt sie den Graben, der sie von ihm trennt, nur noch tiefer. Vom moralischen Standpunkt aus hat diese sich mit ihrer Tugend brüstende Frau natürlich recht. Sie ruft jedermann zum Zeugen für ihr gutes Recht an. Wenn ich ihr den Vorschlag zu machen wage, sie möge ihren Mann zu verstehen versuchen, wird sie glauben, daß ich für ihn Partei ergreife gegen die von ihm verhöhnte Moral.

Aber eben weil dieser Mann sich schon lange von seiner Frau unverstanden fühlte, ist er allmählich auf Abwege geraten, die er selbst nicht gutheißen kann, und gerade dadurch fühlt er sich noch mehr mit Schuldgefühlen belastet, er verschließt sich und bleibt in seiner seelischen Entwicklung gehemmt. Es kann vorkommen, daß ein Ehebruch nicht in erster Linie ein sexuelles Problem ist; manchmal ist dies sicherlich der Fall – ich lebe nicht in den Wolken! Aber selbst in seinen fleischlichen Versuchungen oder seinen Verstößen gegen die Ehrlichkeit oder Demut kann einem Mann nur geholfen werden, wenn er sich verstanden und angenommen fühlt, so wie er ist, in all seiner Erbärmlichkeit. Ein solch großmütiges Angenommenwerden ist für ihn wie ein Widerschein seines Angenommenseins von Gott, der uns liebt, nicht um unserer Tugend, sondern um unserer Schwachheit willen: „Ich bin nicht für die Gesunden gekommen, sondern für die Kranken“, hat Christus gesagt.

Man muß diese universelle Krankheit sehen, diese riesige Menge von Männern und Frauen, belastet mit Geheimnissen, Ängsten, Leiden, Kummer, Enttäuschungen und Schuldgefühlen. Man muß die tragische Einsamkeit dieser Menschen verstehen. Sie können am gesellschaftlichen Leben teilhaben, darin sogar eine sichtbare Rolle spielen, eine glänzende Karriere machen, Vereinen vorstehen, sportliche Höchstleistungen erringen, mit ihrer Frau ins Kino gehen, aber es können Jahre vergehen, bis sie jemandem begegnen, in den sie genügend Vertrauen haben, um sich ihm zu eröffnen und von dem zu sprechen, was an ihrem Herzen nagt.

Um zu verstehen, muß man die Auswirkungen der Vergangenheit erkennen. Die Menschen fühlen sich immer beurteilt nach dem, was offen zutage liegt. Aber das jetzt Sichtbare ist die Folge einer langjährigen Verkettung von Reaktionen, die auf frühere Verletzungen zurückgehen. Die Menschen sind alle sowohl Opfer wie Schuldige. Sie können einen Psychotherapeuten aufsuchen. Sie haben Vertrauen, daß er sie nicht richten, sondern daß er vorurteilslos danach trachten wird zu verstehen, was sie erlebt haben, warum sie zu dem Menschen wurden, der sie heute sind. Natürlich benötigen die im eigentlichen Sinn Kranken einen Psychotherapeuten. Seine Arbeit ist lang und schwierig, gerade weil tragische Reaktionen in den Patienten einen starken Widerstand gegen jede tiefere Bewußtwerdung ihrer selbst erweckt haben. Aber niemals wird es den Psychotherapeuten gelingen – wenn sich auch ihre Zahl noch um das Zehnfache vergrößerte, all die seelischen Leiden der Menschen zu bewältigen, ebensowenig wie die Pfarrer und Priester dazu genügen könnten. Daher ist es nötig, daß wir alle in gewisser Hinsicht Psychotherapeuten füreinander werden.

Das Wesentliche der Psychotherapie besteht gerade im Zuhören, im langen und leidenschaftlichen Zuhören, im Lieben und Achten, im Verstehen, im Zurückgehen vom Sichtbaren auf die verborgenen oder in der Vergangenheit liegenden Ursachen. Jeder Psychotherapeut macht täglich diese Erfahrung: Ein Mensch erzählt zuerst sein Leben auf oberflächliche, vereinfachte Weise, in der Art eines Curriculum vitae. Man versteht noch nicht viel bei diesem allzu schematischen Bild. Aber man darf die Erzählung nicht unterbrechen. Erst nachdem der Patient alles, was ihm wichtig erschien, gesagt hat, steigen in ihm andere, stärker gefühlsbeladene Erinnerungen auf. Oft sind es Zwischenfälle, die ihm so unbedeutend vorkamen, daß er nicht daran gedacht hätte, sie zu erzählen, wenn er nicht durch die seinem Bericht entgegengebrachte große Aufmerksamkeit dazu ermutigt worden wäre.

Allmählich entdeckt er dann selbst die große Tragweite jener Begebenheiten. Ich kann ihn verstehen, weil er beginnt, sich selbst besser zu verstehen. Er gibt sich Rechenschaft über die Bedeutung seiner allerersten Kindheitseindrücke, über die Art und Weise, wie er sich seiner selbst und wie er sich der

Umwelt bewußt wurde, er gibt sich Rechenschaft über sein Verhältnis zu seinem Vater und seiner Mutter, dann zu seinen Geschwistern und zu den andern Personen, die nach und nach in seine kleine Welt eintraten. Die moderne Psychologie hat uns aufgezeigt, was für eine entscheidende Rolle die Ereignisse der ersten Jahre spielen; durch sie wird die Haltung eines Menschen gegenüber seinem Nächsten für das ganze Leben bestimmt. Viele dieser Begebenheiten sind vergessen. Aber im Gespräch tauchen Erinnerungen oder Träume wieder auf, die das Erlebte in verschleierter Sprache heraufbeschwören.

Man hofft demnach vergeblich, seinen Ehepartner verstehen zu können, solange man nicht seinen Erzählungen über seine Kindheit und Jugendzeit lange und mit großem Interesse zugehört hat. Aber welch wunderbares und gewaltiges Erlebnis ist es, wenn Ehegatten sich gegenseitig erforschen und entdecken können! Dann verwirklicht man, was alle Jungen bei ihrer Heirat erhoffen: daß einer dem andern wirksame Hilfe bringe. Und nicht nur ist es für beide eine befreiende Hilfe, sondern es entsteht auch eine ganz neue Art von Vertrautheit, die eine Ehe in noch größerem und fruchtbarerem Glück erstrahlen läßt. Ich verlor meinen Vater, als ich drei Monate alt war. Das besagt, daß ich ihn nie beweint hatte, daß ich mir des erlittenen Verlustes nicht bewußt war. Ich erinnere mich des Tages, an dem ich nach einem langen Gespräch mit meiner Frau, das in einer Atmosphäre der inneren Sammlung vor Gott stattfand, plötzlich in Tränen ausbrach und auf diese Art eine so lange verdrängte Gefühlsbelastung entladen konnte. Weder meine Frau noch ich wußten damals, daß sie an jenem Tage die Rolle eines Psychotherapeuten gespielt hatte, wodurch mir selbst der Weg zur Laufbahn eines Psychotherapeuten geöffnet wurde.

Bei einem solchen Erlebnis entfaltet sich jeder der beiden Ehegatten. Beide wachsen über die naturbedingten Reflexe, die ihrem Typus und ihrem Geschlecht eigen sind, hinaus. Das ist ein umfassender gegenseitiger Austausch. Jeder gibt dem andern vom Kostbarsten, was er hat, und empfängt vom andern, was ihm selbst fehlt. Es geht nicht mehr um eine männliche oder weibliche Liebe, sondern um eine im weitesten Sinn menschliche Liebe, die jeden Teilaspekt der Liebe mit umschließt. Das ist nun endlich dieses Gefühl von Einheit, das man nur erreicht, wenn man die Gewißheit hat, sich nichts mehr zu verheimlichen.

Dies bedeutet nicht, daß man nichts mehr zu entdecken oder sich nichts mehr zu sagen hätte. Ganz im Gegenteil! Es ist nicht ein Zustand der Vollkommenheit, sondern eher etwas sich in Bewegung Befindliches, das sich unaufhörlich weiterentwickelt. Wenn man den Reichtum gegenseitigen Verstehens erfahren hat, erfaßt einen ein leidenschaftliches Verlangen nach einem immer besseren gegenseitigen Verständnis, und nichts trägt mehr dazu bei, noch offener zu sein, als wenn wir beim Partner diese Leidenschaft, uns zu verstehen, fühlen. Die Ehegefährten kehren zusammen an die Stätten zurück, wo jeder seine Jugendzeit verbracht hat. Zusammen betrachten sie jenen Baum, zu dem die Frau als kleines Mädchen jeden Tag hinging, um mit ihm wie zu einem nahen Freund zu sprechen; zusammen sehen sie jenen Hügel wieder, wo der Mann als Jüngling sich seine Traumwelt aufbaute, in der schon sein ganzes Lebenswerk sich abzeichnete.

Aber es gibt nicht nur schöne Erinnerungen, nicht nur Leiden, die einem vom Schicksal auferlegt wurden oder die durch die Fehler und das Nicht-Verstehen anderer entstanden sind; es gibt all das, worüber man sich schämt, all das, was man auslöschen möchte aus seiner Vergangenheit und wofür man sich verantwortlich fühlt. Dann erlangt das Gespräch mit dem Ehepartner die Bedeutung einer Beichte. Für einen Katholiken kann das natürlich die rituelle Beichte im Beichtstuhl nicht ersetzen und auch nicht für einen Protestanten die liturgische Beichte im Gottesdienst. Wenn dieses Gespräch aber einerseits auch weniger Gültigkeit besitzt, so ist es in anderer Hinsicht wertvoller. Denn es ist viel schwerer, seine Fehler seinem Lebenspartner einzugestehen, an dessen Liebe und Wertschätzung einem über alles gelegen ist. Und dann kann dabei eine wechselseitige Reaktion hervorgerufen werden: Oft wird ein Ehepartner durch eine mutige Beichte des andern angespornt, ein Gleiches zu tun. Und die ungeheure Freude, von der dann beide erfüllt sind, ist wohl ein Widerschein der unermeßlichen Gnade Gottes, deren Mittlerin die Kirche ist.

Ja, diese Freude ist vollkommen, wenn sich die Ehegatten der religiösen Bedeutung ihres großen Erlebnisses bewußt werden können. Ich will hier die Geschichte meines amerikanischen Kollegen zu Ende führen. Wenn er mir die Episode des regelmäßigen Kinobesuches am Freitagabend erzählte, so deshalb, weil sich seither viel größere Dinge in seinem Leben ereignet haben. Er ist Jesus Christus begegnet und hat ihn als seinen Herrn angenommen und ihm sein Leben unterstellt. Sogleich fing er dann an, seiner Frau mit einem ganz neuen Eifer zuzuhören. So geht es bei jedem wirklich lebendigen religiösen Erlebnis. Denn Gott nimmt leidenschaftlich Anteil an jedem Menschen; Ihn finden, das bedeutet, von Ihm auch dieses lebhafte Interesse für *die* Menschen zu empfangen, neben denen man bis jetzt herging, ohne sie zu beachten oder zu verstehen. Man kann Gott sein Herz nicht öffnen, ohne es auch gleichzeitig für seinen Nächsten offen zu halten.

Umgekehrt ist jeder, der sich in glühendem Eifer seinem Nächsten widmet, für diesen ein Werkzeug der göttlichen Liebe, selbst wenn keiner von beiden gläubig ist; denn Gott ist immer auf der Suche nach dem Menschen, um ihn aus seiner Einsamkeit und Unruhe herauszureißen. Aber mein Chirurg war sich dessen wohl bewußt, daß Gott selbst ihm die Augen geöffnet und diesen neuen Eifer, seine Frau zu verstehen, in sein Herz gelegt hatte. Er war noch ganz bewegt, als er mit mir darüber sprach.

Jetzt war es nicht mehr dieses oder jenes Bedürfnis seiner Frau, für das er Verständnis hatte, es war seine Frau selbst, die er zu verstehen begann. Wie man sieht, ist der Ratschlag seines Freundes, des Psychiaters, richtig gewesen, dieser Ratschlag, mindestens einen Abend pro Woche mit seiner Frau auszugehen; der Psychiater war dabei übrigens sehr taktvoll vorgegangen und hatte es verstanden, den Rat für seinen Freund annehmbar zu machen. Aber es war zunächst nur ein Rat. Der Chirurg befolgte ihn pünktlich, im Grunde hatte sich aber nichts an der inneren Haltung seiner Frau gegenüber geändert. Dazu wäre ein Funken nötig gewesen, und die Funken sind nicht intellektueller, sondern stets geistiger Ordnung.

Nun aber fühlte sich der Chirurg mit einem Mal ungeheuer verantwortlich für die Nervosität seiner Frau. Er begriff, daß es ihn keineswegs seiner Verantwortlichkeit enthob, wenn er seine Frau einfach zum Psychiater sandte. Während sein Leben im Spital voller Spannung war, während er Operationen ausführte, manches Leben rettete, Forschungen unternahm, wissenschaftliche Arbeiten veröffentlichte, ging seine Frau zu Hause beinahe zugrunde an Einsamkeit und unerfüllter Liebessehnsucht; und er hatte es nicht bemerkt!

Das war es, was der Psychiater erkannt hatte, und sein Rat war ausgezeichnet gewesen. So kann die Psychologie die Probleme aufdecken und vernünftige Maßnahmen anregen. Aber eine radikale Lösung der Probleme erfordert eine tiefgreifende Wandlung, die geistiger Ordnung ist. Diese Änderung der Geisteshaltung nennt die Bibel „metanoia“: Änderung der Geisteshaltung und auch Selbsteinkehr, Demütigung, Bewußtwerdung unerkannter Verantwortlichkeiten.

Angesichts des Umfangs, den die Ehekonflikte angenommen haben, vermehrt man jetzt die Eheberatungen und die psychologischen Kurse, und man tut gut daran. Aber es ist klar, daß Beratungen und Kurse niemals werden genügen können bei der gegenwärtigen Entwertung der Ehe. Es braucht mehr als gute Ratschläge. Es braucht etwas Neues, das ansteckend wirkt, das zu einer Änderung der inneren Haltung führt, einen frischen Wind, ein Wehen des Heiligen Geistes. Keine Kraft der Welt vermag das Innerste des Menschen tiefer zu treffen, damit er endlich besser imstande ist, seinen Nächsten zu verstehen. Er entdeckt seine eigene Verantwortlichkeit. Er begreift, daß er dem andern durch sein Nichtverstehen weh tat, daß nicht verstehen, nicht danach trachten zu verstehen bedeutet, daß man in einer egoistischen Verblendung gefangengehalten wird.

Ein Mann, der bis jetzt die Fehler seiner Frau hervorhob und sich über das unglückliche Schicksal beklagte, das ihn mit ihr zusammengeführt hatte, erkennt nun, daß er selbst ja für diese Fehler verantwortlich ist, da er nicht imstande war, seine Ehe so zu gestalten, daß seine Frau sich hätte entwikkeln und entfalten, daß sie innerlich hätte wachsen können, um mit seiner Hilfe die persönlichen Schwierigkeiten zu überwinden. Weil sie sich unverstanden fühlte, ist sie zurückgefallen und hat sich in ihren natürlichen Reaktionen versteift. Sie hat wohl Verständnis bei einem Psychiater gefunden, aber es wäre noch weit fruchtbarer, wenn sie von ihrem eigenen Mann verstanden würde.

Gerade das war das große Erlebnis jenes amerikanischen Ehepaares: Eine lebendige Religion – und nicht mehr nur eine Religion von Ideen oder Gefühlen – hatte ihr Leben verwandelt. „Sie können sich denken", sagte der Chirurg zu mir, „daß wir nun nicht mehr jeden Freitag ins Kino gehen. Wir haben das nicht mehr nötig. Wir haben fast nicht genügend Zeit, uns offen miteinander auszusprechen, uns all das zu sagen, worüber zu sprechen uns bisher nie in den Sinn gekommen war, uns zu entdecken und zu verstehen und gemeinsam nach der göttlichen Eingebung für unser Heim zu suchen."

Sie kennen jenes schöne Gebet des Heiligen Franz von Assisi: „... Herr! Laß du mich trachten, nicht daß ich verstanden werde, sondern daß ich verstehe." Das ist dieser neue Wunsch, den der Heilige Geist in den Eheleuten erweckt und der ihre Ehe umwandelt. Solange es unsere Hauptsorge ist, von unserer Frau verstanden zu werden, sind wir unglücklich, von Selbstmitleid, vom Geist des Forderns erfüllt, und bitter ziehen wir uns auf uns selbst zurück. Sobald wir uns aber vor allem damit befassen, unsere Frau zu verstehen, das an ihr zu verstehen, was wir bis jetzt noch nicht verstanden hatten, sobald wir einsehen, daß es unrecht war, nicht zu verstehen, dann laufen die Ereignisse in anderer Richtung ab. Es gibt bekanntlich Filme, auf denen die Wagenräder sich rückwärts zu drehen scheinen, infolge der Periodizität der Filmbilder, die unser Auge nicht sieht. Nun, dieses selbe Rad, diese gleiche Verkettung von Reaktionen, die den Unverstandenen dazu führte, sich zu verschließen, so daß er folglich immer weniger verstanden wurde, kann sich, wenn neues Licht darauf fällt, in umgekehrter Richtung drehen: sobald sich der Mensch verstanden fühlt, öffnet er sein Herz, und weil er Einblick in sein Herz gewährt, kann er sich auch besser verständlich machen.

Das scheint so einfach, wenn man darüber nachdenkt. Warum geschieht es denn so selten? Weil es dazu eines Funkens bedarf, der diese ganze Änderung der inneren Haltung auslöst; dieser Funke aber kann nicht nach einem bestimmten Rezept hervorgezaubert werden. Man kann jemandem mit großer Gewissenhaftigkeit und unter Zuhilfenahme der Wissenschaft während langer Zeit fürsorgend zur Seite stehen, ohne daß der Funke sich entzündet. Man kann diesem Menschen helfen, ihn durch Tests und Traumanalysen über sich selbst aufklären, man kann ihm gute Ratschläge erteilen und dabei einige Fortschritte erzielen, ohne daß irgendeine entscheidende Umkehr seine Haltung dem Leben gegenüber änderte. Dann bleibt all dies eine mühsame Arbeit, eine Art Schule, deren Lehrplan man Schritt für Schritt befolgen muß, ohne zu wissen, ob man das Diplom erhalten wird. Dieser Mensch kann dabei viel verstehen und viel lernen, aber das Geheimnis des wirklichen Verstehens hat er noch nicht gefunden.

Das Geheimnis des Verstehens, das Geheimnis des Lebens finden, das ist ein inneres Erlebnis; es ist nicht mehr das Erwerben neuer Kenntnisse, sondern eine Entdeckung, eine Bekehrung. Es kann sich gerade in dem Augenblick ereignen, wo man am Verzweifeln ist, und es geschieht im allgemeinen auf ganz andere Art, als man es sich vorstellte. Man kann viele Bücher gelesen, manche Predigt angehört, viel Wissen angehäuft haben, und plötzlich ist es ein ganz unbedeutendes Wort, von dem man getroffen wird, eine Begegnung, ein Todesfall, eine Heilung, ein Blick oder ein Naturereignis, deren Gott sich bedient, um einen Menschen zu berühren.

Selbst wenn es der Psychotherapeut ist, der dabei mitwirkt, so geschieht es fast ohne sein Wissen, ohne daß er sich darüber Rechenschaft ablegte, ohne daß er es gewollt oder berechnet hätte. Es hängt weniger von seinen Kenntnissen als von der verstehenden Liebe ab, die er seinem Patienten entgegenbringt, von dieser geheimnisvollen, persönlichen Verbindung, die zwischen ihnen besteht. Es ist folglich ein geistiges Geschehnis, es ist eine Gnade.

Ja, jede Wohltat kommt von Gott, ist ein Geschenk Gottes. Jede Befreiung von Einsamkeit, von Angst, Leiden oder Gewissensbissen ist ein Wirken der barmherzigen Liebe Gottes, selbst wenn sowohl der Empfänger wie der als Werkzeug Dienende sich nicht darüber Rechenschaft geben und sich das ganze Verdienst selbst zuschreiben.

Glücklich zu preisen sind die Ehegatten, die das erkennen können, die verstehen, daß ihnen ihr Glück von Gott gegeben wurde, die miteinander niederknien können, um ihm zu danken, und zwar nicht nur für die Liebe, die er in ihr Herz gelegt, für die Kinder, die er ihnen gegeben hat, und für alle Freuden des

Lebens, sondern auch für die Fortschritte, die er sie machen läßt in dieser schweren Schule des gegenseitigen Verstehens.

Aber nun sind die Menschen gerade auf religiösem Gebiet besonders zurückhaltend und scheuen sich, ihre Gedanken preiszugeben. Selbst unter Ehegatten, die eng miteinander verbunden sind, ist das so. Ich bin oft erstaunt darüber: Nehmen wir ein kirchlich getrautes Ehepaar mit einer christlichen Lebensauffassung; beide sind gläubig und fromm, beide gehen zur Kirche, und wenn sie katholisch sind, zur Beichte; sie nehmen das Heilige Abendmahl. Ich frage sie: „Beten Sie zusammen? Sammeln Sie sich miteinander in der Stille?" – „Nein." Oder dann nur erlernte, konventionelle Gebete, ohne Schwung; Gebete, die man aus Pflicht hersagt und nicht aus eigenem Antrieb. Es kann vorkommen, daß sie beide am Bett eines kranken Kindes in ihrem Inneren denken: „Man sollte zusammen beten", und doch hat keiner von beiden den Mut, es vorzuschlagen. Oder einer der beiden Ehegatten gesteht mir, daß er es nicht wage, laut in Gegenwart seines Ehepartners zu beten. Sie sind vielleicht nicht einmal imstande, zusammen vor Gott stille zu sein.

Natürlich können sie von philosophischen und religiösen, theologischen und kirchlichen Fragen miteinander sprechen. Aber offen von seinen eigenen Überzeugungen, seinen eigenen Erfahrungen reden, sich über seine eigenen Zweifel, seine eigenen Gefühle, seine persönliche Beziehung zu Gott äußern, das ist etwas ganz anderes. Es ist das Höchste, was

Ehegatten miteinander erleben können. Aber es ist selten.

Es gibt sogar in dieser Hinsicht manchmal seltsame Mißverständnisse zwischen Ehegatten. Da ist eine sehr fromme Frau, die so erfüllt ist von ihrer Bekehrung, daß sie sich kaum mehr für etwas anderes interessiert und begeistern kann als für religiöse Fragen; sie liest nur fromme Bücher und geht in alle religiösen Vorträge. Was ihren Gatten betrifft, hat sie einen Kummer, den sie mir mitteilt: Sie möchte ihn so gerne bekehren! „Denken Sie", sagt sie zu mir, „ich weiß nicht einmal, ob er an etwas glaubt! Ich kann ihn noch so viel bitten, mit mir in die Kirche zu kommen oder auf meine Fragen zu antworten, es ist vergeblich. Er ist vollkommen gleichgültig."

Eines Tages kommt dieser Mann seinerseits in meine Sprechstunde. Rasch und ganz von selbst, ohne daß ich ihn dazu ermuntere, kommt er auf religiöse Fragen zu sprechen, die ihn sehr beschäftigen. Das Gespräch mit ihm über dieses Thema ist von größtem Interesse, viel interessanter im ganzen als mit seiner Frau; sie hat nur in Bausch und Bogen eine Lehre übernommen, er hingegen hat viel nachgedacht. Er scheint mir ein sehr religiöser Mensch zu sein; er hat Sinn für das Geheimnisvolle, für Feinheiten und Ungewißheiten, Sinn für die Grenzen des menschlichen Wissens, das die Größe Gottes nie ganz zu durchdringen vermag.

Erstaunlicherweise erzählt er mir noch, er habe vor dem so aufrichtigen Glauben seiner Frau die größte Achtung, er bewundere sie und beneide sie ein wenig darum, daß sie ihren Glauben mit solcher Kühnheit verkündigen und so heikle Fragen entscheiden könne. Warum entzieht er sich denn einem jeden Gespräch mit ihr über dieses Thema? Vielleicht gerade wegen dieses Unterschieds ihrer Temperamente und weil er fürchtet, daß sie den kleinsten Vorbehalt, den er auf gewisse ihrer überzeugten Behauptungen machen könnte, für Unglauben halten würde.

Es gibt tatsächlich sehr religiöse Menschen, die verschwiegen und reserviert sind und die von ihrem Ehepartner oder einem Geistlichen für gleichgültig angesehen werden. Es gibt auch Eheleute, die miteinander beten können, ohne daß sie indessen über alle Glaubensfragen, die sie beschäftigen, wirklich offen miteinander sprechen würden. Es braucht folglich eine Verbindung zwischen Glauben und Leben, damit der Glaube wirkungsvoll werde und das Leben sich wandle. Es braucht eine Verbindung zwischen Glauben und Eheleben, damit der Glaube seine unvergleichliche Kraft der Verwandlung und des Verstehens hineintrage und das Eheleben seine Erfüllung finde.

Wie kann man diese Verbindung herstellen? Das hängt weniger von dem ab, was man tut, als von dem, was man ist. Es ist weniger Sache einer Methode als Sache des Geistes. Man kann Gott wenigstens darum bitten, daß er uns dahin führen, uns den Weg zeigen möge, daß er selbst diese totale Einheit verwirklichen möge, zu der gemäß seinem Plan ein Ehepaar gelangen sollte.

Denn welche Erfahrungen wir auch immer gemacht haben mögen, es erscheinen stets wieder neue Wolken. Sobald wir uns in unserer Empfindlichkeit von neuem verletzt fühlen, wird immer zuerst instinktiv die Regung in uns aufsteigen, zu schweigen, zu verheimlichen, uns zu verschließen. In der Stille vor Gott aber, dieser Stille voll Wahrheit, voll Liebe und Achtung vor dem andern, kann dann in uns eine zweite Regung entstehen, die uns dazu antreibt, diese Versuchung, uns zu verschließen, zu überwinden, die Versuchung, die so schnell wieder zum Vorschein gekommen ist und von neuem die eheliche Gemeinschaft in Gefahr bringen könnte. Dann ist uns viel mehr als nur ein wunderbares Erlebnis in der Ehe zuteil geworden: wir haben gemeinsam, einer durch den andern, Gott erfahren.

Geschenke und ihr Sinn

Seit langem schon möchte ich gerne etwas über Geschenke schreiben; denn es ist mir klar, was für eine ungeheure Rolle sie im Leben spielen, mit welch mannigfachen Bedeutungen, welch tiefem oder subtilem Sinn sie behaftet sind. Das gilt gleicherweise für die Geber wie für die Empfänger und ebenso für die, welche ein erhofftes Geschenk nicht erhalten, aber auch für jene, welche es ihnen nicht gegeben haben, ja selbst für Menschen, die ein angebotenes Geschenk zurückweisen.

Ich wollte jedoch zu Beginn meiner Ferien zuerst pflichtgetreu andere versprochene Arbeiten zu Ende führen, bevor ich mir das Vergnügen erlaubte, diese Studie zu schreiben. Sie ist also gleichsam ein Geschenk, das ich mir selbst mache als Belohnung für meine Pflichterfüllung, und das bereitet mir einen besonderen Genuß. Und nun bin ich schon mitten im Thema drin; denn man macht nicht nur den andern Geschenke; man kann auch sich selbst beschenken und wird das mit mehr oder weniger Großzügigkeit oder Sparsamkeit tun, je nach der genossenen Erziehung.

So gesteht man sich immer wieder Aufmunterungen oder Belohnungen zu als eine Art Produktionsprämie, die man zu seinen eigenen Gunsten stiftet, um in doppelter Hinsicht zu gewinnen, sowohl was die Prämie anbelangt als auch in bezug auf den Arbeitsertrag. Manchmal nimmt man die Belohnung vorweg, um sich in eine bessere Laune zu versetzen, bevor man an weniger angenehme Aufgaben herangeht; manchmal verspricht man sich etwas für nachher, das man sich dann mit mehr oder weniger gutem Gewissen gestattet; denn wann hat man seine Pflichten je vollständig erfüllt? Währenddem ich schreibe, wünscht sich meine Frau vielleicht, daß ich ihr ein wenig Zeit schenkte, die ich zu knapp für sie bemessen muß, wenn ich mit Sprechstunden, Korrespondenzen, Vorträgen und all der übrigen Arbeit überlastet bin.

Wenn ich aber schreibe, so geschieht es auch für meine Frau, die meine Bücher und Publikationen mit Liebe sammelt. Und wenn ich Geld verdiene, so habe ich immer ein klein wenig den Eindruck, damit meiner Frau ein Geschenk zu machen, als ob ich nicht ebenso wie sie daraus lebte und überdies nicht noch weit verschwenderischer wäre als sie! Aber auch meine Leser, die bekannten und unbekannten, beschenke ich, wenn ich schreibe, und wenn sie mir nach der Lektüre eines Buches in einem Brief ihren Dank aussprechen, so bin ich dafür sehr empfänglich. So ist das also wiederum ein Geschenk für mich, nicht nur wegen meiner Freude an der schriftstellerischen Tätigkeit, sondern auch wegen der öffentlichen Anerkennung, die ich sehr zu schätzen weiß.

In der Ferienzeit jedoch hat man das Recht, auszugeben statt einzunehmen. Sie ist wie eine Art Waffenstillstand im Lebenskampf; Ferien sind auch ein Geschenk, auf das jedermann ein gesetzliches Anrecht zu haben glaubt, nachdem sie durch die fortschrittliche Entwicklung unserer Kultur allgemein üblich wurden. Man geht mit dem Geld weniger sparsam um als gewöhnlich; man kauft nutzlose, überflüssige Dinge, die man sich sonst nicht gestatten würde; man hat endlich das Recht, Zeit zu verschwenden oder sie nach Lust und Laune zu verwenden. Auch die zu Hause Gebliebenen vergißt man nicht; man wird ihnen das erwartete kleine Geschenk mitbringen oder sie mit einem Kartengruß bedenken.

Das gute und das schlechte Gewissen spielen immer wieder eine maßgebende Rolle bei der Dosierung der Geschenke, die man sich selbst macht, der Vergnügen oder der Zugeständnisse, die man sich gewährt oder versagt. Jeder ist bestrebt, sich nicht zu sehr selbst zu verwöhnen oder sich wenigstens nicht diesen Anschein zu geben. In den Ferien oder nach einem bestandenen Examen erlaubt man sich Dinge, die man sich ohne einen solchen Vorwand nicht zu leisten wagte; oder denken wir an die Schokolade oder die Zigarette, die man sich gegen den Rat des Arztes gestattet, um einen kleinen Erfolg zu feiern, und die man ganz besonders genießt. Es gibt auch Trostgeschenke, mit denen wir uns über einen Kummer oder eine Unannehmlichkeit hinweghelfen, oder dann jene, die man sich als Ersatz für ein von andern nicht erhaltenes Geschenk gewährt. Jemand erzählte mir, daß er einer Bekannten begegnet sei, die ihm ihre ganz neue Handtasche gezeigt habe mit der Bemerkung: „Schauen Sie, welch schönes Geschenk von meinem Mann das ist!" – Darauf habe er geantwortet: „Aber ich glaubte, Sie seien unverheiratet!" Worauf sie entgegnete: „Ist mein Ledigsein ein Grund, daß ich weniger Geschenke erhalte als eine verheiratete Frau? Jedes Jahr zu meinem Geburtstag und zu Weihnachten wähle ich mir etwas aus, das mir gefällt, und ich erfreue mich daran, indem ich mir sage, es sei ein Geschenk von meinem Mann."

Viele Dienste, die wir andern erweisen, sind übrigens nur Geschenke, die wir uns selbst machen, sei es wegen der Freude an einer solchen Tätigkeit, oder weil uns dadurch Gelegenheit zu einem Vergnügen geboten wird, das wir uns ohne diesen Vorwand nicht zu erlauben wagten. So legt der kleine Knabe plötzlich einen großen Eifer an den Tag, die Besorgungen für seine Mutter zu machen, weil er gerne sein neues Fahrrad benützen möchte oder sich freut, das kleine Mädchen des Gemüsehändlers wiederzusehen. Ebenso anerbiete ich mich, jemanden in meinem Auto nach Hause zu führen, da mir das Autofahren Vergnügen bereitet, oder weil ich gerne meinen Wagen bewundert haben möchte. Zahllose Bedenken spielen bei solchen Gelegenheiten hinein, Listen werden angewandt und Komödien aufgeführt, und oft läßt man sich auch von andern etwas schenken, das man sich schon lange gewünscht hatte, ohne daß man gewagt hätte, es sich selbst zu kaufen.

Ich möchte am liebsten immer alle Leute beschenken und auch mich selbst. Aber geschieht das wirklich nur, um Freude zu machen, oder geschieht es, weil es mir selbst Vergnügen bereitet, andere zu erfreuen und mich dadurch beliebt zu machen? Gott hingegen schenkt mir täglich nur vierundzwanzig Stunden und ist noch so freundlich, sich mit der wenigen Zeit zu begnügen, die ich ihm dafür widme. Glücklicherweise nimmt er Anteil an allem, was ich tue, und ist nicht egoistisch, so daß ich nicht nur die der Anbetung gewidmete Zeit als ein ihm dargebrachtes Geschenk betrachten kann, sondern auch die ganze übrige Zeit, die ich für all meine andern Tätigkeiten verwende. Wenn ein Vater voll Freude seinem Kinde zuschaut, wie es mit den Geschenken spielt, die er ihm gegeben hat, ist es dann nicht wie ein Geschenk, das dieses Kind, ohne es zu wissen, seinem Vater macht, das Geschenk seiner Freude? Wenn hingegen das Kind die vom Vater erhaltenen Geschenke liegen läßt und ihnen andere vorzieht, ist es dann nicht, wie wenn es seinem Vater ein Geschenk verweigerte?

Es gibt jedoch Eltern, die, besorgt um die gute Erziehung ihrer Kinder, ihnen statt überflüssigen Spielzeugs nur „nützliche Geschenke" geben. Jenes Töchterchen, das so sehr erhoffte, ein Fahrrad zu erhalten, sieht sich statt dessen mit einem schönen Kleid beschenkt. Als ob die Eltern nicht verpflichtet gewesen wären, ihm ein Kleid zu geben, auch ohne

Geburtstag! Und wenn sie ein hübscheres und teureres auswählen, ist es dann nicht eher ein Geschenk, das sie sich selbst machen zu ihrem eigenen Vergnügen oder um ihre Eitelkeit zu befriedigen? Um so mehr, da für sie ein „schönes Kleid" ein Kleid ist, das mehr ihrem eigenen Geschmack entspricht als dem des Töchterchens, vielleicht eines, das ähnlich ist wie das Kleid der Tochter eines ihrer reicheren Freunde, und nicht so aussieht wie das, um welches ihr Töchterchen eine seiner bescheideneren kleinen Freundinnen beneidet.

So gibt es viele scheinbare Geschenke, die in Wirklichkeit keine sind. Ich denke hier an eine Frau, die eine strenge Erziehung in einer frommen und nüchternen Umgebung erhalten hatte. Wenn sie einen verlangten Dienst oder einen Auftrag richtig erfüllt und sich Mühe gegeben hatte, die Früchte im Garten einzusammeln oder ihre Sachen in Ordnung zu bringen, gab man ihr als Belohnung ein Zehnrappenstück, fügte aber sogleich die Bemerkung hinzu: „Das wirst du dann der Mission geben für die kleinen Neger!" Als ob die Eltern der Mission, für die sie sich interessierten, nicht direkt das Geld hätten geben können, anstatt bei ihrem Töchterchen auf diese Weise Widerwillen zu erregen!

Von morgens bis abends höre ich Lebensberichte an, in denen auch viele Kindheitserinnerungen vorkommen. Die erhaltenen und nicht erhaltenen Geschenke, die wunderbaren Weihnachtsüberraschungen und auch die Enttäuschungen spielen dabei eine große Rolle. Ja, der Weihnachtszauber! Die spannende Erwartung im Hinblick auf die Überraschung, der abgeschlossene Schrank, in dem sich die Geschenke befinden, das Rätselraten, was es wohl sein könnte, wobei man seine Phantasie schweifen läßt. Dann auch die Bräuche, die neben den Kamin gestellten Schuhe oder das Gedicht, das man vor dem brennenden Baum aufsagen muß, bevor die Bescherung beginnt. Für alle Menschen, besonders aber für die Kinder sind Geschenk und Fest zwei eng zusammenhängende Begriffe. Und keiner wird je in Worten auszudrücken vermögen, welch großes Verlangen nach Festen und Geschenken in jedem menschlichen Herzen verborgen liegt, selbst beim Greis, der den Erstaunten spielt und sagt: „Das ist ja zu nett! Doch in meinem Alter sollte man mir keine Geschenke mehr machen!"

Das Geheimnis der Überraschung spielt eine große Rolle. Im Grunde leben alle Menschen immer in der mehr oder weniger bewußten und unbestimmten Hoffnung, vielleicht eines Tages etwas zu erhalten, worum sie nie zu bitten gewagt hatten, irgendein königliches Geschenk, wovon in den Märchen die Rede ist. Gewiß beruht die Anziehungskraft der Märchen auf ihrer wundervollen Poesie; sie läßt sich auch aus dem kollektiven Unbewußten erklären, das C. G. Jung besonders studiert hat und das alle Menschen auf dem ganzen Erdkreis und bis zu den entferntesten Ursprüngen unserer Rasse verbindet und sie bei den gleichen archetypischen Bildern mitschwingen läßt; aber sie beruht ferner auch noch auf einer gewissen „symbolischen Verwirklichung" (réalisation symbolique), wie sich M.-A. Séchaye[1] sehr treffend ausgedrückt hat: Das Kind und ebenfalls der Erwachsene identifizieren sich mit dem Märchenhelden, dem die Fee als Geschenk eine Kraft verleiht, die weit über die armseligen und engen Grenzen unserer menschlichen Natur hinausgeht! Durch diese Identifikation versetzt sich der Mensch wenigstens für einen kurzen Augenblick in dieses Traumleben, in dem Zeit, Raum, Armut, Schwachheit und Enttäuschung nicht mehr ihr unerbittliches Gesetz aufzwingen.

Ein doppeltes Vergnügen! Denn wir identifizieren uns nicht nur mit dem Helden des Märchens, sondern auch mit der gütigen Fee samt ihrer Freude als Spenderin guter Gaben. Eine solche Freude empfinden wir, wenn wir ein nicht verwöhntes Kind mit etwas beschenken, das alle seine kindlichen Erwartungen und Vorstellungen übertrifft und es in Staunen versetzt. Wirklich eine göttliche Freude! Wie schön ist es, ein Kind in das Land der Wunder zu führen, ihm neue, beglückende Erlebnisse zu vermitteln, wie etwa das Kennenlernen von einem Stück Welt auf seiner ersten Reise, die Entdeckung der Natur oder seine erste Theatervorstellung mit ihrem ganzen Zauber, ja selbst ein gewöhnliches Karussell mit seinen bunten Lichtern und seiner lauten Musik.

Daher warten die Eltern, die ihre Kinder lieben, mit nicht weniger Ungeduld als die Kinder selbst auf Weihnachten oder irgendeine andere Gelegenheit,

[1] *M.-A. Séchaye:* La réalisation symbolique, Schweizerische Zeitschrift für Psychologie und ihre Anwendungen, Nr. 12. Huber, Bern 1947.

um ihnen Freude zu machen. Sie haben immer ein wenig Angst, daß ihr Geschenk nicht gefallen könnte. Sie zögern bei der Wahl, suchen, besprechen sich und rufen sich ihre eigenen Kindheitserinnerungen ins Gedächtnis zurück. Lange bleiben sie vor den Schaufenstern der Spielwarengeschäfte stehen, und zu Hause durchblättern sie eifrig die Kataloge.

Es kann vorkommen, daß ein Kind eine bestimmte Weihnacht sein Leben lang nicht mehr vergißt, und daß Geschenke, die vielleicht in den Augen der Erwachsenen nicht die schönsten sind, es dermaßen in Erstaunen versetzen, daß es sie nicht zu berühren wagt! Die Erregung ist zu groß. Und es kann geschehen, daß die Eltern dieses Starrsein für Gleichgültigkeit oder Undankbarkeit halten.

Und dann kommt es auch auf die Kunst des Päckchenmachens an, auf die Auswahl des Papiers und des Bändchens. Ein prächtiges Geschenk kann an Wert verlieren, weil die Eltern am Einwickelpapier gespart haben oder ein altes, mehrfach zusammengeknüpftes Schnürchen verwendeten. Es geht auch nicht an, daß die Ohrenspitzen eines Plüschesels aus dem Papier herausragen oder daß die Form des Paketes sofort erraten läßt, was es enthält! Denn wir kennen die aufregende Freude des Rätselratens, der gesteigerten Neugierde; man wägt das Paket in der Hand, dreht es nach allen Seiten um, betastet und schüttelt es, um festzustellen, ob man ein Geräusch hört. Manchmal glaubt das Kind, genau das Geschenk erraten zu können, das es sich am sehnlichsten gewünscht hatte, aber es getraut sich nicht, es zu sagen, aus Angst, beim Öffnen des Paketes enttäuscht zu werden und seine Eltern zu enttäuschen, wenn sie merken sollten, daß sie nicht die richtige Wahl getroffen haben.

Lange vor Weihnachten ist man schon in freudiger Erwartung auf das Fest. Es ist unglaublich, wieviel Zeit die Kinder damit zubringen können, von ersehnten Geschenken zu träumen, und wie groß oft die Schüchternheit ist, die sie daran hindert, ihre Wünsche auszusprechen. Welches Kind hat nicht schon ratlos vor einem Bogen Papier gesessen, wenn es seinen „Wunschzettel" schreiben sollte? Zunächst vielleicht, weil alle Menschen, wie wir schon sagten, immer ein wenig mit der Hoffnung spielen, irgendein fabelhaftes Geschenk zu erhalten, das kostbarer ist als alles, was sie sich je vorzustellen vermocht hätten. Selbst das entschlossene Kind, das sehr genau weiß, was es sich wünscht, hegt mehr oder weniger im Innersten seines Herzens die Erwartung auf eine außerordentliche Überraschung.

Aber es gibt noch andere Gründe: Manchmal besteht eine gewisse Hemmung, um etwas zu bitten, die so groß sein kann, daß manche Kinder und sogar auch Erwachsene absolut nicht imstande sind, ihre Wünsche auszusprechen. Sie können sich über ein Geschenk nur freuen, wenn es ihnen spontan und nicht auf Bestellung angeboten wird. Und selbst wenn man es ihnen von sich aus gibt, können sie so sehr in Verlegenheit geraten, daß sie ihrer Freude keinen offenen Ausdruck zu verleihen vermögen. Und dann ist das Aufstellen eines „Wunschzettels" wie ein Preisgeben seiner Geheimnisse, ein Eingestehen seines Geschmacks und seiner Neigungen, die vielleicht nicht verstanden oder sogar getadelt werden. Und wird vielleicht dieses oder jenes ersehnte Geschenk nicht zu teuer sein? Alle Eltern und besonders die reichsten verbergen ihre finanzielle Lage sorgfältig vor den Kindern. Manche glauben, die Freude des Kindes noch zu erhöhen, wenn sie ihm jeweils sagen, daß das Geschenk, das sie ihm geben, sie viel Geld gekostet habe!

Es gibt noch einen subtileren Grund: Für das kleine Kind sind die Eltern von einem magischen Nimbus umgeben, und sowohl Zauberer wie Feen sollten die geheimen Wünsche des Herzens kennen, ohne daß es nötig wäre, sie auszusprechen. Könnte es also sein, daß die Eltern ihre Zauberkraft verloren hätten, da sie einen „Wunschzettel" verlangen? Oder daß die Geschenke für sie nichts anderes wären als eine gewöhnliche Formalität, für die kein Ahnungsvermögen mehr nötig ist?

So sehr der Wunschzettel folglich gerechtfertigt ist bei einem realistischen jungen Menschen oder bei einem Erwachsenen, der sehr genau weiß, was er sich wünscht – oder es sogar vorziehen kann, Geld zu erhalten, um sich etwas nach seinem Geschmack zu kaufen –, so sehr ist er anstößig beim kleinen Kind, das sich noch im magischen Alter befindet. Aber wer käme je vollständig daraus heraus? Wir sehen hier ein für die menschliche Natur besonders charakteristisches Empfinden in Erscheinung treten: wir möchten viel lieber, daß man unsere Wünsche errät, als sie auf

Bestellung hin erfüllt zu sehen. Und tatsächlich findet ein Bräutigam, der seine Braut zärtlich liebt, ganz genau das Geschenk, das sie sich im geheimen gewünscht hatte.

Sowohl für Kinder wie für Erwachsene sind Geschenke immer eine Art Prüfstein für die Liebe. Kinder sind in dieser Hinsicht viel hellsichtiger, als man denkt, und fühlen sehr genau, ob ein Geschenk wirklich mit Liebe für sie ausgewählt wurde. Hier das Beispiel eines Vaters, der eine besondere Vorliebe für Mechanik hat, aber als Beamter in eine Bank eintreten muß, anstatt Ingenieur zu werden; er träumt schon davon, dank seiner väterlichen Vollmacht seinen geheimen Wunsch in der Karriere seines Sohnes erfüllt zu sehen, und schenkt dem erst drei- oder vierjährigen bereits einen „Meccano" oder eine elektrische Eisenbahn. Natürlich läuft das Kind unachtsam mit seinen Füßen darüber hinweg, wird gescholten, geschlagen, gestraft, und schließlich wird es ihm verboten, das Spielzeug noch zu berühren. Sein Vater beschäftigt sich jedoch stundenlang damit, kunstvolle Konstruktionen zu erfinden, und wirft seinem Sohn noch vor, dafür gar kein Interesse zu zeigen, sondern sich viel lieber mit einem Stück Papier zu beschäftigen, das ein so komisches Geräusch macht, wenn man es zerreißt.

An der Wahl eines Geschenkes erkennt man ziemlich rasch, ob der Geber seinen eigenen Geschmack und seine Neigungen hineinprojiziert oder sich in erster Linie mit den Liebhabereien des zu Beschenkenden beschäftigt hat. Ich kannte ein Ehepaar – der

Mann war ein starker Raucher und hatte sich durch den Kauf vieler schöner Pfeifen eine bemerkenswerte Sammlung angelegt. Zur Bereicherung dieser Sammlung schenkte er auch seiner Frau, die nicht rauchte, zu jedem ihrer Geburtstage eine originelle Pfeife. Eines Tages kam diese Frau ganz strahlend zu mir: „Stellen Sie sich vor!" sagte sie, „ich weiß nicht, was mit meinem Mann geschehen ist; ich hatte Geburtstag, und er hat mir ein Fläschchen Parfum gebracht!" Ich denke hier auch an einen Ehemann, der seine Frau immer unfehlbar mit einem Buch beschenkte und dabei unschuldig sagte: „Du gibst es mir dann, wenn du es gelesen hast; ich interessiere mich schon lange dafür."

Der Geschmack der Kinder kann sehr verschieden sein von dem der Eltern. Letztere haben oft große Mühe, das zu verstehen und anzunehmen. Gerade weil sie ihre Kinder lieben, meinen sie, daß diese an den gleichen Dingen Gefallen finden müßten wie sie selbst. Sie schreiben ihnen ihre eigenen Interessen zu, und das tut sich in der Wahl ihrer Geschenke kund. Aber im wahren Sinne lieben, das heißt Verständnis haben für den andern, versuchen, ihn kennenzulernen, ihn – selbst wenn es das eigene Kind ist – als Person anerkennen, als ein Wesen, das selbständig seine Wahl trifft. Im andern Fall fühlt sich das Kind nicht als solches geachtet; es verschließt sich, entfremdet sich seinen Eltern oder aber verliert die Fähigkeit, persönliche Neigungen zu entwickeln, und bleibt ein unmündiger Mensch. Oft geschieht es auch, daß Eltern, die sich einen Knaben gewünscht hatten, durch Geschenke in ihrer Tochter männliche Eigenschaften erwecken, indem sie ihr Spielsachen für Knaben geben, und andere möchten aus einem Knaben ein Mädchen machen, indem sie ihm zum Beispiel Puppen zum Spielen schenken.

Wenn die Kinder größer werden, so wird ihnen an den Geschenken, die sie erhalten, bewußt, ob die Eltern zu ihrem Heranwachsen ja sagen oder sie in eigennütziger Weise klein behalten möchten. Jeder heißersehnte Wunsch, der in Erfüllung geht, erscheint dem Kind wie ein Schritt vorwärts in seinem Leben: es freut sich über die erste Uhr, „die geht", über das erste Zigarettenetui, über das erste Ballkleid. Und die Eltern übermitteln durch die Geschenke den Kindern gleichzeitig ihre ganze Lebensauffassung, mehr noch als durch langes Reden. Ein Ballkleid geben, das bedeutet: du hast das Recht zu tanzen, in Gesellschaft zu gehen und dort weltliche Freuden zu genießen; es verweigern, das heißt: hüte dich vor leichtsinnigen Vergnügungen, hüte dich vor der Liebe und dem männlichen Geschlecht! Du könntest auf Abwege geraten!

Daher sind zahlreiche Geschenke Lektionen, die die Eltern ihren Kindern auf indirekte Weise erteilen: so etwa ein Wecker, um zur Zeit aufstehen zu lernen; ein kleiner richtiger Kochherd, um kochen zu lernen und nicht immer die Mutter dabei zu stören; eine schöne schwarze Schiefertafel, um darauf im Rechnen Fortschritte zu machen; oder ein Aufenthalt im Welschland, um Französisch zu lernen. Auch viele Geschenke unter Erwachsenen enthalten oft eine Lehre. Eine fromme, von Gesundheit und Selbstzufriedenheit strotzende Frau schenkte ihrem armen, unterdrückten Mann eines meiner Bücher mit der Bemerkung: „Lies dieses Buch hier, und dann wirst du begreifen, daß du nicht so oft krank wärest, wenn du etwas mehr Glauben hättest!“

Viele Eltern überwachen eifersüchtig die Geschenke, die man ihren Kindern macht. Sie geben den Großeltern, Onkeln und Tanten zu verstehen, was sie selbst am liebsten für ihre Kinder haben möchten, und beschreiben mit Vorliebe den Gegenstand genau, seine Farbe, den Preis und das Geschäft, wo man ihn erhält. Sie schätzen nach ihrem eigenen Maßstab der Erwachsenen ab, wie teuer jene Geschenke sein mögen, die sie nicht selbst bestellt haben, und finden, daß zum Beispiel jener reiche und unverheiratete Onkel etwas Wertvolleres hätte geben dürfen. So spielt sich bei gewissen Familienfesten, während die Kinder Freudenrufe ausstoßen, unter den Erwachsenen eine Szene für sich ab. Manche Mutter vergleicht die Geschenke, die ihre Kinder erhalten haben, mit den Geschenken der andern Kinder, und das erzeugt in ihr Ärger und Verdruß. Manchmal besteht auch ein Überangebot an Geschenken, an Geschenken, die in erster Linie in Erstaunen versetzen und der Eigenliebe des Gebers schmeicheln sollen, anstatt dem Kind Freude zu bereiten.

Für einen Erwachsenen ist ein sehr kostbares Geschenk der Beweis einer großen Liebe. Das Kind jedoch urteilt von einem ganz andern Gesichtspunkt aus. Bei ihm zählt der Handelswert eines Geschenkes kaum. Die Liebe des Gebers erkennt es intuitiv an der Inspiration, die ihn geleitet hat, an der Erfindungsgabe, der Phantasie und am Vorstellungsvermögen, wovon seine Wahl zeugt, sowie an der Freude, die es ihm offensichtlich selbst bereitet hat, etwas auszusuchen und eine kluge Wahl zu treffen. Sehr schnell wird sich ein Kind einen Onkel oder eine Tante merken, deren Geschenke sich durch eine überraschende Originalität auszeichnen, die von der langweiligen Eintönigkeit der konventionellen Geschenke anderer Verwandter absticht.

Es kann vorkommen, daß ein Onkel ein Geschenk bringt, das ebenfalls eine Lehre enthält, aber dieses Mal nicht für das Kind, sondern für die Eltern, die darüber sehr erzürnt sein werden. Er schenkt dem Neffen etwas, was dieser sich schon seit langem gewünscht hat, was seine Eltern ihm aber gerade nicht geben wollten, aus irgendwelchen erzieherischen oder moralischen Gründen: zum Beispiel eine Trommel, um damit die erdrückende Stille dieser egoistischen Familie zu durchbrechen, in der die Kinder sich immer schweigsam verhalten müssen, um den Vater nicht zu ermüden; oder, was schwerwiegender ist, er schenkt der Tochter eine Halskette aus falschen Perlen, die in ihr das Verlangen nach glitzerndem Tand, Putz und gefährlichen Vergnügungen erwecken wird. Sehr schnell lernt das Kind auf diesem Schachbrett der Familie seine eigene Partie spielen; es merkt sich, bei wem es seine Wünsche anbringen oder seinen Willen durchsetzen kann. Man wäre schlecht beraten, wollte man ihm diese Diplomatie vorwerfen: es sind die Erwachsenen, die es dazu erzogen haben.

Die Eltern können eine so strenge, ganz durch ihren eigenen Geschmack und ihre Vorurteile bedingte Zensur über die Geschenke ausüben, daß Onkel und Tanten es für ratsam halten, dem aus dem Wege zu gehen; sie ziehen es vor, eine kleine Summe Geldes in einem Briefumschlag zu geben, den sie mit der schön geschriebenen Aufschrift versehen „zur Verwendung nach eigenem Wunsch". Oft weiß das Kind wohl, was es sich von diesem Geld kaufen möchte, aber es getraut sich nicht, es zu sagen, da es schon zum vornherein sicher ist, daß man es ihm verweigern und es überdies noch tadeln wird. Und wenn einer seiner kleinen Freunde es wagte, ihm etwas zu schenken, womit seine Eltern gar nicht einverstanden wären, so würde er bei ihnen in Ungnade fallen, es sei denn, das Kind hätte vorsichtigerweise das verdächtige Geschenk vor seinen Eltern versteckt gehalten.

Und dann kommt in den Geschenken die Vorliebe der Eltern für das eine oder andere ihrer Kinder zum Ausdruck. Manches Töchterchen weiß genau, daß man ihm keine so hübsche Jacke schenken wird, wie seine Schwester sie erhalten hat. Es gibt Kinder, denen man nie ein neues Kleid kauft. Sie müssen die alten Kleidungsstücke der älteren Geschwister austragen, wenn diese neue bekommen haben, während man für ihre jüngeren Geschwister allerdings genötigt ist, neue Sachen anzuschaffen. Oft aber rechtfertigen sich die Eltern und begründen die Unterschiede zwischen den Geschenken als Belohnung für die folgsamsten Kinder, und ohne daß es einem der Beteiligten bewußt würde, entsteht ein schlimmer Teufelskreis: das weniger bevorzugte Kind reagiert mit Aggressivität und Eifersucht, weswegen man es dann tadelt und durch eine Gunstentziehung straft und dadurch diese Reaktion noch verschärft.

Vor kurzem erst erzählte mir eine Frau in bewegten Worten ihre Kindheitserinnerungen. Eines Tages waren Onkel und Tanten auf Besuch gekommen und brachten eine schöne Puppe mit, die für ihre ältere Schwester bestimmt war; zu ihr aber hatten sie gesagt: „Du verdienst kein Geschenk, weil du einen schlechten Charakter hast." Die ältere Schwester war wahrscheinlich eifersüchtig gewesen, als die jüngere auf die Welt kam – wie das oft der Fall ist –, weil sie dadurch aus ihrer Lage als einziges Kind verdrängt wurde. Aber sie wußte sich gut zu beherrschen und übte ihr böses Spiel im Verborgenen aus. Sie verfolgte und belästigte ihre jüngere Schwester, aber sie tat es stets nur im geheimen, während sie vor der Familie die kleine Heilige spielte. Natürlich wurde sie infolge der schmeichelhaften Lobreden und der Belohnungen immer sittsamer, und man stellte sie ihrer jüngeren Schwester, die sich immer unausstehlicher benahm, als Beispiel hin.

Übrigens täuschen sich die Kinder manchmal, und das, welches glaubt, es werde weniger geliebt als seine Schwester, ist überzeugt, daß ihre Geschenke schöner seien als die seinigen. Für gewöhnlich gibt es keinen Rauch ohne Feuer, und das Kind kann intuitiv eine gewisse Bevorzugung der Eltern für seine Geschwister wahrnehmen, auch wenn jene es sorgfältig zu verbergen suchen, indem sie ihm wunderbare Geschenke machen, die aber vielleicht nicht sehr passend ausgewählt sind.

Aber nicht nur die Spielsachen sind Liebesbeweise. Die Zeit, die eine Mutter und besonders ein Vater den Kindern schenkt, vor allem im Zwiegespräch mit einem von ihnen allein, der Spaziergang, den ein Vater mit seinem Kinde macht, seine Erklärungen über Natur und Leben, die vertraulichen Gespräche, wo er ihm Einblick in sein Inneres gewährt, das sind unbezahlbare Geschenke, die als die schönsten Erinnerungen der ganzen Kindheit unvergeßlich bleiben. Unter der Voraussetzung natürlich, daß der Spaziergang nicht zu pädagogisch ist und von sich ständig wiederholenden Ermahnungen begleitet wird, wie etwa: Halte dich gerade! Geh nicht dorthin, du wirst dich schmutzig machen und dein Kleid zerreißen! Sprich doch richtig, du machst zu viele Fehler!

Der Gutenachtkuß ist das lebendigste Geschenk, vorausgesetzt, daß er nicht als Belohnung vergeben wird, die das Kind durch mustergültiges Benehmen verdienen muß, oder daß er nicht abhängig gemacht wird von demütigen Entschuldigungen für irgendeine tagsüber begangene Dummheit. Wir streifen hier ein sehr heikles und wichtiges Problem: für das Kind ist ein an Bedingungen geknüpftes Geschenk das Zeichen einer ebenfalls bedingten Liebe. So richtig und anregend es für das Kind sein mag, wenn man es für eine besondere Anstrengung mit einem unerwarteten Geschenk belohnt, so gefährlich ist es, aus der Inaussichtstellung eines Geschenkes einen Antrieb, ein Zwangsmittel zu machen, um seine Gefügigkeit zu erlangen.

Denn dann erscheint ihm das Geschenk, das ein Liebeszeichen ist, als Zeichen einer bedingten Liebe, die es verdienen, wenn nicht gar erkaufen muß. Das ist eine pädagogische Waffe, zu der allzu viele Eltern ihre Zuflucht nehmen, ohne sich Rechenschaft zu geben, daß sie sich hier zu einer Art Erpressungsversuch verleiten lassen, der ihr Verhältnis zu ihrem Kind in moralischer Hinsicht verschlechtern wird. „Wenn es dir gelingt, deine Lateinnoten zu verbessern, wirst du ein Fahrrad bekommen." Achten wir darauf, daß zwischen dem Latein und dem Fahrrad keinerlei Beziehung besteht und daß es den Eltern Freude bereitet, dem Kind dieses Geschenk zu machen! Aber sie hoffen, auf diese Weise einen doppelten Gewinn zu erzielen: sie möchten die Freude genießen, ihrem Kind ein Fahrrad zu schenken, und zugleich die Freude an seinem Erfolg in der Schule erleben. Das Kind aber versteht es nicht auf diese Weise; es empfindet das bedingte Geschenk als bedingte Liebe: „Ich habe dich lieb unter der Bedingung, daß du artig bist, daß du arbeitest, daß du gehorchst." Dieses Kind fühlt sich nicht wirklich geliebt.

Und dieser Zweifel an der Liebe der Eltern wird es bestimmt nicht dazu anregen, sein Latein zu studieren, sondern es eher entmutigen; denn es ist noch im Alter, wo ein Kind den Zweck der Arbeit noch nicht erfaßt hat und sie nur seinen Eltern zuliebe tut. Später, wenn das Kind heranwächst und anfängt, sich gegen die Autorität der Eltern aufzulehnen, kann dieses Feilschen um die Geschenke oder um eine Erlaubnis auf schlimme Weise entarten. Um ihre Autorität zu bewahren, werden die Eltern mehr und mehr diese einzige Waffe gebrauchen, die ihnen noch geblieben ist, nämlich ihr Recht, Geld zu verweigern oder auch eine Reise, den Besuch eines Balles, ja selbst einen nützlichen Gegenstand wie eine Schreibmaschine oder die notwendige Ausrüstung für einen gesunden Sport wie das Skifahren; denn sie hoffen, dadurch das heranwachsende Kind, das keinen Respekt mehr vor ihnen hat, noch einmal zur Unterwerfung zu zwingen.

Auch sie erbetteln die Unterwürfigkeit wie ein Geschenk von ihrem Kind. Verweigerung auf Verweigerung, Vergeltungsmaßnahme auf Vergeltungsmaßnahme, und der Graben vertieft sich immer mehr, der unmerklich und im verborgenen zu entstehen begonnen hatte in der Zeit, da das Kind noch so brav zu sein schien, daß es einem fast unerläßlich vorkam, es dafür zu belohnen. Ohne einen solch dramatischen Aspekt anzunehmen, schleicht sich jedoch bei vielen Familien in die Beziehungen zwischen Eltern und Kindern unbemerkt ein gewisses Feilschen, wenn nicht sogar ein gewisses gegenseitiges Erpressen ein.

Ich erinnere mich immer noch an einen Ausspruch eines meiner Söhne bei der Rückkehr aus den Skiferien. Es war zur Zeit des Krieges, als die Schulen ihre

Tore im Winter wegen der Heizungsschwierigkeiten während eines zusätzlichen Monats schließen mußten. Dadurch bot sich die günstige Gelegenheit, die Kinder zu einem stärkenden Aufenthalt in die Berge mitzunehmen. Nun, am Tage unserer Rückkehr beging unser Sohn ich weiß nicht mehr welche Dummheit. Daraufhin tadelte ich ihn lebhaft: „Ist das der Dank für all die Freude, die ich dir bereitet habe? Das ist sehr häßlich von dir!“ Er warf sich in die Brust, schaute mir in die Augen und sagte: „Sicher hat mir dieser Aufenthalt in den Bergen Freude gemacht, aber du hast mich zu deinem eigenen Vergnügen dorthin mitgenommen, und ich schulde dir nichts!“ Ich mußte sofort zugeben, daß er recht hatte.

Offensichtlich dürsten die Eltern genauso nach Geschenken wie die Kinder. Jede Freude, die sie ihren Kindern erweisen, alle Pflege, alle Wohltaten, die sie ihnen angedeihen lassen, sind wie ebenso viele Geschenke, die sie unbewußt selbst empfangen. Sie möchten aber noch ein zusätzliches Geschenk, nämlich daß die Kinder durch Gehorsam ihre Dankbarkeit und Erkenntlichkeit bekunden. Die Kinder aber finden es ganz natürlich, von ihren Eltern alles zu empfangen. Manche Eltern gefallen sich darin, vorwurfsvoll alles aufzuzählen, was sie für ihre Kinder ausgegeben haben, sei es für Krankheiten oder für Studienzwecke.

Und oft sind es gerade noch Studien, zu denen die Eltern ihr Kind mehr oder weniger gezwungen haben, um ihren Ehrgeiz zu befriedigen. In zahlreichen Fällen, wo junge Menschen plötzlich von einer Unfähigkeit, zu arbeiten oder ein Examen zu bestehen, befallen wurden, habe ich eine solche Lage als Ursache gefunden. Ein solcher Student macht sich stets bittere Vorwürfe wegen dieser plötzlichen und unerklärlichen Lähmung: „Ich muß unbedingt meine Examen bestehen", sagt er, „wenn ich an all die Opfer denke, die meine Eltern für meine Studien auf sich genommen haben!" Damit wiederholt er bewußt, was man ihm unaufhörlich gesagt hatte. Aber in Wirklichkeit lehnt sich sein Unterbewußtes gegen diese Rolle eines Rennpferdes auf, die seine Eltern ihm aufgezwungen haben. Und diese schwere Diskrepanz zwischen seinem trügerischen Bewußten und seinem wahrhaftigen Unterbewußten ist die eigentliche Ursache der Neurose. Andere, widerstandsfähigere Kinder erdreisten sich, eines Tages ihren Eltern ins Gesicht zu sagen: „Schließlich hättet ihr mich ja gar nicht auf die Welt zu stellen brauchen, wenn ihr nicht so viel für mich auslegen wollt!"

Bei vielen Eltern kommt die Liebe für ihre Kinder fast nur in dieser indirekten Form des materiellen Aufwandes zum Ausdruck. Aber die Kinder dürsten nach Liebe und Zärtlichkeit. Wie viele Leute habe ich nicht sagen gehört: „Ich habe alles von meinen Eltern bekommen, dessen ich bedurfte, Nahrung, Pflege, Erziehung, Studien und überdies noch Geschenke, aber es fehlte die zärtliche Liebe, wonach ich mich sehnte. Ich hätte alles andere dafür hergegeben!" Es kommt vor, daß ein solcher Mensch dann von dem unauslöschlichen Eindruck erzählt, den er als noch kleines Kind empfangen hatte, als er einmal einen

Freund besuchte: es war gerade der Ton, in dem die Mutter zu seinem Freunde sprach, dieser ganz von einer natürlichen Zärtlichkeit durchdrungene Ton, der für ihn eine unfaßbare Offenbarung bedeutete.

Die Eltern dieses Menschen hatten vielleicht selbst in ihrer Kindheit unter einem starken Mangel an Liebe gelitten; gerade deshalb haben sie sich verschlossen und wurden ihrerseits unfähig, ihrem Kind die wärmende Liebe zu geben, die ihnen selbst nicht zuteil geworden war. Das ist eine tragische Verkettung, die ich auch auf andern Gebieten gefunden habe: wenn ein Mann sehr unter einem strengen und autoritären Vater zu leiden gehabt hat, der ihm nie ein unerwartetes Vergnügen gewährte oder etwas Außergewöhnliches erlaubte, so wird er selbst als Vater zu seinen Kindern streng und tyrannisch sein.

Man kann jedoch durch Geschenke auch beherrschen, und das ist ein neues und sehr wichtiges Kapitel der mannigfachen Bedeutungen der Geschenke. Schon beim Überreichen eines unerwarteten Geschenkes empfindet man genießerisch ein gewisses Gefühl von Selbstbewußtsein und Stolz, wenn der Empfänger ausruft: „Wie, das ist ja nicht möglich! Das ist doch nicht für mich!“ Ein schönes Geschenk ehrt den Geber und kann auch den Empfänger ehren. Aber die Versuchung zur Überheblichkeit liegt nahe: ein zu außergewöhnliches Geschenk ehrt den Empfänger keineswegs, sondern demütigt ihn im Gegenteil. Ein Geschenk, das die gesellschaftlichen Gepflogenheiten überschreitet, erweckt in uns rasch den Eindruck, dem Geber gegenüber gebunden und verpflichtet zu sein, wenn wir es ihm nicht zurückzugeben vermögen, kurz uns ihm zu verkaufen. Gerade die Leute, denen es das größte Vergnügen bereitet, in freigebiger Weise andere zu beschenken, geraten im allgemeinen sofort in Verlegenheit, wenn sie selbst Geschenke erhalten. Sie bestehen darauf, auf einer gemeinsamen Reise genau ihren Teil zu bezahlen, und weisen auf das französische Sprichwort hin: „Les bons comptes font les bons amis."

Darum auch wenden sich die sozialen Bewegungen, die Rechte und nicht Geschenke verlangen, mit einer solchen Bitterkeit gegen den „Paternalismus", und das ist für einen alten, wohlmeinenden Industriellen schwer zu verstehen, der glaubte, aus reiner Großmut und ohne Hintergedanken gehandelt zu haben. Wenn die Großmächte von Hilfe an unterentwickelte Länder sprechen, ist man schnell geneigt, dahinter Herrschaftsgelüste zu vermuten. Und ebenso verteidigen sich junge Haushaltungen mit knappem Einkommen oft nachdrücklich gegen eine zu aufdringliche Hilfe betagter Eltern. Es ist ihre Freiheit, ihre Selbständigkeit, für die sie sich wehren. Wer zahlt, befiehlt!

Die alten Eltern sind ganz erstaunt. Es gibt kaum eine verletzendere Beleidigung als die Zurückweisung eines Geschenkes. Sehr oft aber ist es den Eltern nicht bewußt, daß sich hinter ihrer Gebefreudigkeit ein Bedürfnis zu herrschen verbirgt. Wir sehen das deutlich in gewissen Fällen, zum Beispiel, wenn ein Student plötzlich zur Bestürzung seiner Eltern seine glänzenden Studien aufgibt. Er erträgt diesen Zustand der Abhängigkeit von den Eltern nicht mehr, der durch seine Studien in die Länge gezogen wird. Er will auf eigenen Füßen stehen und unabhängig sein. Sehr oft auch übernehmen die jungen Leute neben ihren Studien irgendwelche zusätzliche Arbeiten, um etwas Geld zu verdienen und um so ihren Eltern gegenüber für ihre persönlichen Ausgaben unabhängig zu werden.

Denn das Taschengeld, das die Eltern ihren Kindern geben, ist ein wirksames Mittel zur Beherrschung und Kontrolle. Daß dieses Taschengeld von manchen Eltern zu spärlich, von andern wieder zu reichlich gegeben wird, ändert nichts an der Sache! Maßgebend ist, daß sie Anspruch erheben, über alle persönlichen Ausgaben unterrichtet zu werden, und daß sie die Autorität bewahren möchten, die die Macht des Geldes verleiht. Viele Eltern klammern sich an diese Autorität, ohne daß es ihnen richtig zum Bewußtsein kommt, und sie glauben sogar, nur zum Besten ihrer Kinder zu handeln, wenn sie gleichsam das Alleinrecht, für deren Wohl zu sorgen, behalten; und das kann so weit gehen, daß sie sogar die Freunde und Ehepartner für sie auswählen.

Wir finden jedoch bei vielen jungen Menschen von heute, gleich wie bei den um ihre Unabhängigkeit kämpfenden Völkern, eine merkwürdige und subtile Mischung von Überempfindlichkeit und anspruchsvollem Verhalten, von Zurückweisung und Forderungen. Manche lehnen sich bis aufs äußerste gegen die bürgerliche Tradition ihrer Familie auf; in ihr sehen sie ein Symbol für die paternalistischen Geschenke sowie auch für die Überbewertung der Arbeit, wovon man ihnen ein frommes Beispiel gegeben hatte. Sie wollen nicht mehr arbeiten; sie wollen das Leben genießen, was ihre Eltern nicht zu tun verstanden hatten, Grammophonplatten anhören, Auto fahren, sich zur Unterhaltung zusammenfinden, aber nicht mehr in den Kaffees der bürgerlichen Epoche, sondern in den Bars, wo man sich mit den Spielautomaten die Zeit vertreibt und dazwischen Getränke amerikanischer Herkunft zu sich nimmt. Sie lehnen es ab, sich nach dem Geschmack ihrer Eltern anzuziehen, weil das dem von ihnen erwählten modernen Stil nicht mehr entspricht. Sie tun so, als ob sie das Geld verachteten, das ihre Eltern angebetet haben, aber sie benötigen es trotzdem; denn der Besitz eines leistungsfähigen Wagens, so geräuschlos oder so dröhnend wie möglich – das bürgerliche Symbol schlechthin –, bleibt ihr Hauptanspruch, und die Eltern sind verpflichtet, weiter zu bezahlen.

Wir müssen diese jungen Menschen verstehen, die so deutlich unser Zeitalter des Übergangs vertreten, in dem durch die marxistischen oder existentialistischen Auseinandersetzungen rücksichtslos zahlreiche Trugbilder zerstört worden sind, die man zu Anfang unseres Jahrhunderts noch für echt nahm, ohne daß etwas anderes an ihre Stelle gesetzt worden wäre als wieder neue Trugbilder. Und denken wir ferner an all die Wohltaten der modernen Technik, an das Radio, das Tonband und die Grammophonplatten, das Fernsehen, das Auto und den Kühlschrank; die Erfindung all dieser Dinge bedeutete für die vorhergehende Generation ein leidenschaftliches Abenteuer, während unsere heutige Generation das alles schon fixfertig in die Wiege gelegt bekommt, wie ein zu leicht erreichbares und demoralisierendes Geschenk. Diese kleinen Wunderdinge waren noch vor kurzem für uns, die großen Kinder, die wir immer bleiben, zauberhafte Spielzeuge und erscheinen der jungen Generation nur noch als banales Lebenszubehör. Sie möchte sich über etwas hinwegsetzen, das sie schon bereits nicht mehr entbehren kann. Aber täuschen wir uns nicht, sie sucht im Grunde nach etwas, das unsere Generation ihr nicht zu geben vermochte: einen gültigen Lebenszweck.

Die heutige Generation ist zutiefst unglücklich, weil sie den Sinn für die Dankbarkeit verloren hat. Sie spricht nur von „Rechten". Man spricht vom Anrecht auf Gesundheit, und Krankheit ist eine Entziehung dieses Anrechts. Die Heilung, die durch die Antibiotica so schnell erreicht wird, ist kein Geschenk Gottes mehr. Jedermann hat das Anrecht auf Glück, und da niemand es findet, trotz aller modernen Annehmlichkeiten und Bequemlichkeiten, sind alle von dem Komplex befallen, daß ihnen etwas vorenthalten werde. Wer glaubt, auf alles ein Anrecht zu haben, dem macht kein Geschenk mehr Freude. Selbst die Liebe wird zu einer kleinen, banalen Gefälligkeit herabgewürdigt, die die Geschlechter sich gegenseitig erweisen, ohne daß ihnen eine tiefere Verpflichtung daraus entstünde: Zug um Zug!

Zug um Zug! Dieser Ausdruck gemahnt auch an den unmerklichen Übergang vom Geschenk zum

Geschäft innerhalb der menschlichen Beziehungen. Es scheint mir, in dem zutiefst menschlichen Bedürfnis zu schenken liege der psychologische Ursprung der Vorliebe des Menschen für den Handel und selbst seiner Neigung zu Landwirtschaft und Industrie, die alle der Menschheit Verbrauchsgüter „anbieten". Daß diese Gebefreudigkeit auf Gegenseitigkeit beruht, sich als Austauschgeschäft organisiert hat und durch die Erfindung des Geldes allgemein verbreitet und über die ganze Welt ausgedehnt wurde, ändert nichts an ihrer psychologischen Bedeutung. Die besten Kaufleute, die, die den Geschäftssinn am vollkommensten verkörpern, sind Männer, die gerne geben, gerne dem Kunden Freude bereiten, immer den Eindruck haben, mit ihrer Ware ein Geschenk zu machen, dem sie noch ein liebenswürdiges Wort und ein freundliches Lächeln hinzufügen, die aber auch das Gefühl haben, selbst beschenkt zu werden, wenn man sie bezahlt.

Diese Mentalität ermöglicht es ihnen, eine gute Reklame zu machen. Da sie selbst davon überzeugt sind, dem Kunden gute Ware anzubieten, vermögen sie ihn auch davon zu überzeugen. Und zuvorkommend fügen sie Prämien, Rabatte und kleine Geschenke für die Kinder hinzu. Wie groß der Hunger nach Geschenken bei den Menschen ist, kann man ermessen am Massenandrang bei Ausverkäufen, Liquidationen und Ausnahmeverkäufen, am Vergnügen der Leute, einen unnützen Gegenstand zu kaufen, weil sie ihn „fast umsonst" erhalten, an der Beliebtheit der Vergünstigungen, Freikarten, Protektionsbewilligungen und aller andern Möglichkeiten, sich in den Genuß von etwas zu versetzen, ohne dafür zu bezahlen. Ist es nicht erheiternd, das ganze Geschäftsleben unter diesem Gesichtswinkel zu betrachten? Denn so sieht man es nicht mehr nur als instinktmäßige Notwendigkeit, sich die Existenzmittel zu sichern, sondern auch als ein universales geistiges Bedürfnis nach Austausch mit dem andern, kurz nach zwischenpersönlichem Kontakt.

Immerhin erwecken allzu verlockende Anpreisungen und allzu verblüffende Vergünstigungen rasch dieses Mißtrauen, von dem wir anläßlich der Geschenke sprachen, hinter denen sich eine gewisse Herrschsucht verbirgt. Eine solch mißtrauische Haltung, die hinter jeder großzügigen Offerte eine Falle vermutet, ist häufig. Hier kommt uns die bekannte Stelle aus der Aeneis von Vergil in den Sinn: Die Trojaner standen voll Staunen vor dem von den Griechen auf dem Strand zurückgelassenen, verdächtigen hölzernen Pferd, in dessen Flanken bewaffnete Krieger eingeschlossen waren. Sie hielten es für ein Opfer an Pallas Athene, zur Besänftigung ihres Zornes. Da kam Laokoon, glühend vor Eifer, herbeigerannt und rief aus: „Trojaner, mißtraut diesem Ungetüm! Was es auch sei, ich fürchte die Danaer, auch wenn sie Geschenke bringen[2]!"

Merkwürdig ist, daß die mißtrauischsten Menschen sich plötzlich auf naive Weise von einem plumpen Schwindler täuschen lassen, der sie einzu-

[2] *Vergil:* Aeneis, 2. Gesang, Vers 48–49.

fangen versteht, nachdem sie vorher wirklich vorteilhafte Angebote ausgeschlagen hatten. So erging es übrigens auch den Trojanern, die nicht auf Laokoon hörten und die Kriegsmaschine in ihre Stadt hineinführten. Um auf den Handel zurückzukommen, so ist noch zu sagen, daß es auch Leute gibt, die ausnahmslos jeden Geschäftsmann für einen Dieb halten; nichtsdestoweniger aber wollen sie die ihnen angebotenen guten Gelegenheiten nicht ausschlagen und rechtfertigen ihr Verhalten als eine Rache an denen, die sie ausgenützt haben.

Sehr viele Geschenke werden in größerem oder kleinerem Ausmaß und mehr oder weniger bewußt in eigennütziger Absicht gegeben. So sieht man oft, daß sich zwei Ehegatten, zwischen denen ein Konflikt besteht, zu einer übertriebenen Verwöhnung der Kinder oder manchmal auch zu unangebrachten Vertraulichkeiten ihnen gegenüber verleiten lassen, um sie zu gewinnen und aus ihnen Verbündete im ehelichen Kampf zu machen. Noch schlimmer ist es nach der Scheidung, wenn die dem einen Elternteil zugesprochenen Kinder der Gegenseite oder auch den Großeltern einen Besuch machen. Die Sache kompliziert sich im Falle einer Wiederverheiratung, wenn ein Stiefvater oder eine Stiefmutter durch allerlei Freundlichkeiten und Versprechungen die Liebe des Kindes zu gewinnen suchen. Es kann übrigens vorkommen, daß sie es in der reinsten Absicht tun und ganz erstaunt sind, von seiten des Kindes auf ein hartnäckiges Mißtrauen zu stoßen, das durch keinen objektiven Grund gerechtfertigt werden könnte.

Dies alles ist äußerst schädlich für die Kinder. Alle Psychologen, Pädagogen und sozialen Helfer, die sich mit Kindern aus geschiedenen Ehen befassen, können das täglich beobachten. Wenn das Kind sich dazu verleiten läßt, die Situation auszunützen, um sich verwöhnen zu lassen, so ist das ebenso bedauerlich, wie wenn es sich in scheuer Empfindlichkeit zurückzieht, oder, wie man es manchmal sieht, zwischen beiden Reaktionsweisen hin und her schwankt, zuerst die Geschenke annimmt und sich nachher sein Verhalten als Feigheit vorwirft. Niemand kann sich damit einverstanden erklären, sich kaufen zu lassen.

Ich muß hier auch auf die scheinbare Gleichgültigkeit hinweisen, mit der die Ärzte die kleinen Geschenke in Empfang nehmen, die ihnen von den großen pharmazeutischen Fabriken in so verschwenderischem Maße überreicht werden. Die pharmazeutische Industrie gibt sich übrigens große Mühe, diesen Geschenken eine künstlerische oder wissenschaftliche Form zu geben, um so jedem Verdacht gewöhnlicher Bestechung vorzubeugen. Zum mindesten nehmen wir Ärzte die „Arzneimuster" gerne entgegen; sie dienen zwar selten einem wirklich klinischen Versuch, aber sie ermöglichen uns unsererseits, ohne daß es uns etwas kostete, damit Geschenke zu machen, die von jenen großen Verbrauchern von Medikamenten, wie es sämtliche Neurotiker sind, sehr geschätzt werden. Ich erwähnte anderswo schon, daß das Anbieten eines „Musters" uns dazu dienen kann, unser schlechtes Gewissen zu beruhigen, wenn wir unsern Arztberuf zu oberflächlich ausüben; denn aus Zeitmangel beschränkt sich unsere Tätigkeit oft darauf, die Symptome zu bekämpfen, anstatt die tieferen Ursachen sowohl der Störungen als auch dieser Sucht nach Medikamenten zu erforschen.

Erwähnen wir auch, daß früher, vor noch nicht allzu langer Zeit, der Arzt nicht direkt von Geld sprach, kein Postscheckkonto hatte und der Kranke das Honorar diskret in einem versiegelten Briefumschlag auf den Schreibtisch legte. Damals hatte der Arzt weniger das Gefühl, ein Kaufmann zu sein – dieses Mal im schlechten Sinne des Wortes –, als im gegenwärtigen Zeitalter der Krankenversicherungen, wo er durch Drittpersonen sein Honorar erhält und nach vorgeschriebenen Tarifen bezahlt wird. Zu jener Zeit übrigens behandelte der Arzt viele Patienten umsonst, während er sich heute nicht veranlaßt fühlt, den Versicherungen, die ihm lästige Vorschriften aufzwingen, Geschenke zu machen. Aber das war eben die vergangene Zeit des Paternalismus, und wir verstehen die gegenwärtige soziale Entwicklung sehr gut.

Glücklicherweise jedoch lassen sich keine Tarife festsetzen, für aufopferungsvolle Hingabe, warmes Mitgefühl, persönlichen Kontakt und Verantwortungssinn, und die Patienten sind nach wie vor für all das sehr empfänglich und wissen es beispielsweise sehr zu schätzen, wenn ihnen ein so beschäftigter Mann, wie der Arzt es ist, ein wenig zusätzliche Zeit zu einem persönlichen Gespräch schenkt. Strenge Pflichterfüllung allein wirkt immer ein wenig unpersönlich, einfach wie eine Vertragserfüllung. Was unsern Patienten wirklich Eindruck macht, ist das Außergewöhnliche, das wir für sie tun. Aber all das ist immer sehr heikel; nicht jedes Geschenk ist von Nutzen. Es kann erheben oder erniedrigen. Durch unsere selbstlose Fürsorge können wir unsern Patienten helfen, mündig zu werden, wir können sie aber auch in noch größere Abhängigkeit uns gegenüber versetzen. Wenn sie uns kein Honorar bezahlen müssen, kann ihnen das das Gefühl geben, in einer lebendigeren und echteren Beziehung zu uns zu stehen, oder es kann sie im Gegenteil auch hemmen.

Aus diesem Grund wahrscheinlich hat Freud seinen Schülern empfohlen, ein Honorar zu verlangen, was besonders notwendig war in einer Zeit, wo die Psychoanalyse noch nicht sehr bekannt war und wo das Publikum nicht immer begriff, welch großen Zeitaufwand und wieviel ermüdende Arbeit sie erforderte. Mit Recht war er der Ansicht, daß zuviel Großmütigkeit von seiten des Arztes das normale Verhältnis zu seinen Patienten stören könnte. Aber das gilt nicht nur in bezug auf das Geld. Ich denke hier beispielsweise an eine Patientin, mit der ich immer einen ausgezeichneten Kontakt hatte. Und kürzlich haben wir plötzlich eine Unterredung gehabt, die uns beide enttäuschte, ohne daß wir gewußt hätten warum. Als sie mir schrieb, daß sie ganz traurig weggegangen sei, konnte ich ihr nur offen eingestehen, daß ich genauso unglücklich gewesen war.

Ich sammelte mich in der Stille, um zu versuchen, die Ursache dieser Mißstimmung zu erkennen. Nun, ich hatte kurz vorher dieser Patientin einen großen Dienst erwiesen im Zusammenhang mit ihrer beruflichen Entwicklung. Fühlte sie sich nun mir gegenüber wegen dieses außergewöhnlichen Geschenkes gedemütigt, und bedrückte es sie, mir als Gegenwert nicht größere Fortschritte bringen zu können? Erwartete ich von ihr mehr Schwung und Begeisterung, als Ausdruck ihrer Dankbarkeit, als ihre Schüchternheit es ihr erlaubte? Oder verbarg sich in erster Linie hinter meinem bewußten Eifer für sie, der mich dazu geführt hatte, ihr diesen Dienst zu erweisen, in meinem Unterbewußten – wie das so oft der Fall ist – ein gegenteiliges Gefühl, eine Ungeduld, ein gewisses Fordern, ein geheimes Bedürfnis, sie diesen Dienst durch größere Strenge ihren andern Problemen gegenüber entgelten zu lassen? Dies schien mir der Fall zu sein, und indem ich mich mit ihr darüber aussprach, stellte ich das gute Verhältnis zwischen uns wieder her.

Ich habe von jeher eine große Vorliebe für Patienten gehabt, die ich mit Rücksicht auf ihre finanzielle Lage umsonst behandeln mußte, und ich bin mir wohl bewußt, daß das mit meinen psychologischen Komplexen zusammenhängt. Sehr oft konnte ich gerade mit solchen Patienten die schönsten ärztlichen Erfahrungen machen, da keinerlei Skrupel mich plagten, ihnen zuviel Zeit zu widmen, und ich frei war von jedem Verdacht eines gewinnsüchtigen Interesses. Bei einigen von ihnen hat sich übrigens die finanzielle Lage seither sehr geändert, sie möchten aber trotzdem nicht damit anfangen, mir meine

Dienste zu bezahlen, sondern sie ziehen es vor, mir Geschenke zu machen, wie das unter Kollegen üblich ist. Gewiß ist es ein Geschenk für einen Patienten, wenn wir ihn dank der Wissenschaft, die wir als Geschenk erhalten haben, zu heilen vermögen, aber diese Heilung ist auch ein unvergleichliches Geschenk für uns selbst. Ganz besonders auf psychischem Gebiet kommt das unsern Patienten zum Bewußtsein, wenn sie sich um den Preis einer mutigen Anstrengung von Fesseln befreien können, die ihr Leben gehemmt hatten. Welche Freude bereitet es ihnen, es uns mitzuteilen! Ich denke hier an eine Patientin, die seit ihrer Kindheit darunter gelitten hatte, keinen tieferen Kontakt mit ihrer Mutter finden zu können. Und nun schrieb sie mir, daß sie nach unsern letzten Unterredungen plötzlich zum erstenmal ein wirkliches Zwiegespräch mit ihr führen konnte. Welch ein Geschenk für mich!

Es kommt übrigens vor, daß Patienten uns davon sprechen, wie sehr es sie bekümmert, uns als Geschenk nicht die entscheidenden Siege bringen zu können, die sie erringen wollten, und sie sagen uns, daß sie durch diese Enttäuschung in ihrem Fortschritt gehemmt werden und fürchten, wir möchten das Vertrauen verlieren. Aber für uns ist das Vertrauen, das uns unsere Patienten entgegenbringen, das schönste aller Geschenke, und alle Ärzte haben dafür ein feines Empfinden. Sehr oft danke ich einem Patienten ganz spontan, während ich ihn zur Türe begleite, und er erwidert mir: „Aber Herr Doktor, es ist an mir, Ihnen zu danken! Sie schenkten mir Ihre

Zeit und Ihre verständnisvolle Aufmerksamkeit.“ Gewiß habe ich ihm Zeit und Aufmerksamkeit geschenkt, aber er gab mir noch etwas ganz anderes: ein Stück seines Lebens, Einblick in die Verborgenheit seines Inneren.

Ja, es ist das höchste Zeichen der Freundschaft, wenn wir jemandem Einblick in unser Herz gewähren; es ist ein „persönliches“ Geschenk, das heißt ein Geschenk, in dem wir unsere Person zum Einsatz bringen. Das zeigt sich schon beim Kind: sobald es einem Freund Geheimnisse anvertraut, die es vor seinen Eltern verbirgt, kommt es ihm zum Bewußtsein, daß es eine selbständige, von den Eltern unabhängige Person ist und ein eigenes, persönliches Leben hat. Seine Eltern wählte es sich nicht selbst aus; bis jetzt hatte es kein Eigenleben; es gehörte den Eltern und hatte kein Geheimnis vor ihnen. Und nun hat es einen Freund erwählt, dem es Dinge sagt, die es seinen Eltern verschweigt. Durch diese selbständige Wahl bildet sich die Person; denn das wesentliche Vorrecht der Person ist ihr freiwilliger Einsatz.

Die Eltern empfinden es deutlich; sie werden vielleicht auf den intimen kleinen Freund eifersüchtig sein und ihrem Kind Vorwürfe machen, daß es ihnen nicht mehr alles sagt, wie sich das für ein folgsames Kind gehört, wenn es aber nachgibt und niemals wagt, etwas vor ihnen zu verheimlichen, wird es etwas Kindisches an sich behalten, es wird keine Person im vollen Sinn des Wortes werden, sondern ein Neurotiker.

Daher ist mit dem Geschenk eine Verpflichtung

verbunden. Das zeigt sich schon deutlich bei den ersten Geschenken, die ein junger Mann einem Mädchen macht. Die Sitten können sich ändern: Im letzten Jahrhundert hätte es einen sehr kompromittierenden Eindruck gemacht, auf der Terrasse eines Restaurants eine Erfrischung anzubieten; das ist heutzutage nicht mehr der Fall. Aber es besteht immer eine bestimmte Grenze in den Abstufungen der Geschenke, über die der junge Mann nicht hinausgehen kann, ohne sich zu fragen, ob er sich durch dieses oder jenes Geschenk nicht zu sehr verpflichte, und wo das junge Mädchen sich fragen muß, ob eine Annahme nicht zu verpflichtend sei. Denn die Verpflichtung ist um so größer, je unkonventioneller, je persönlicher ein Geschenk ist. Je mehr man jemanden liebt, um so mehr liegt einem daran, es ihm zu zeigen, um so mehr auch wird man sich bemühen, für diesen Menschen ein ganz persönliches Geschenk auszuwählen. Man wird sich hüten, einer Person, die man kaum kennt, ein zu intimes Geschenk zu geben; man wird sich mit einem alltäglichen Geschenk begnügen, einer Art „Visitenkarte", wie man zu sagen pflegt: einige Blumen oder eine Schachtel Schokolade.

Es gibt eine ganze Folge von kleinen, unmerklichen Abstufungen, angefangen bei diesem unpersönlichen Geschenk bis hinauf zu dem phantasievollen Schmuckstück, das ein liebender Mann seiner Frau schenkt. Bei der Wahl eines Geschenkes zögert und überlegt man oft lange: „Ist das wohl das richtige? Darf ich es wagen, das zu schenken?" Denn mehr noch als der Wert ist die persönliche Wahl Ausdruck einer persönlichen Bindung. Das Geschenk, das uns beeindruckt, ist jenes, das eine persönliche Beziehung, eine persönliche Absicht verrät, und zwar sowohl dadurch, daß der Geber seinen ganz persönlichen Geschmack offenbart, als auch dadurch, daß er sein Wissen über den Geschmack der Person, die er beschenkt, zeigt. Das persönliche Geschenk ist ein Maßstab für die Freundschaft, und weil es Ausdruck der Freundschaft ist, erfreut es sowohl den Geber wie den Empfänger.

Ganz im Gegensatz zu dieser Freude sprechen gewisse Menschen beim Herannahen von Weihnachten von der Last der Geschenke, und zwar deshalb, weil es sich da gerade oft um konventionelle, unpersönliche Pflichtgeschenke handelt, die nach Bedarf durch eine gewöhnliche Banknote ersetzt werden können. Man weiß nicht, wofür man sich entscheiden soll, aber man bemüht sich trotzdem, ein nicht allzu gewöhnliches Geschenk ausfindig zu machen, um nicht zu sehr zu bekunden, wie wenig Liebe damit verbunden ist. Im allgemeinen machen Menschen, die wenig Selbstsicherheit besitzen, kaum gern Geschenke. Sie zweifeln immer daran, daß ihre Wahl Gefallen finden werde; sie fürchten, man könne ihnen vorwerfen, die Geschenke seien banal oder dann im Gegenteil zu intim, und ihr Zögern, das das Einkaufen von Geschenken zur Last werden läßt, verrät einen Mangel an Selbstsicherheit und an Mut, sich selbst zu sein.

Es gibt aber auch Menschen, bei denen man nicht

weiß, was man ihnen geben soll, da man sie im Grunde nicht recht kennt; denn sie verbergen ihr Inneres, ihre Neigungen und ihre Interessen, tun so, als ob sie sich für nichts interessierten, oder sie sind dermaßen abgestumpft, daß ihr persönlicher Charakter sich verflüchtigt hat, daß er hinter den konventionellen Vorurteilen des Lebensstils verschwunden ist. Ferner gibt es Menschen, die sehr schwer zu befriedigen sind und die man kaum mit etwas beeindrukken kann; auch sie sind nicht wirklich persönlich. Andere wieder haben jede Spontaneität verloren, so daß man, wenn sie ihrer Befriedigung Ausdruck verleihen, nie weiß, ob sie es aufrichtig meinen oder sich verstellen.

Nun kommt aber zum Problem der Geschenke noch das Problem des Dankes hinzu, und dieses ist nicht weniger mannigfaltig und reich an Bedeutung. Wer hätte sich nie Vorwürfe gemacht, beim Empfang eines Geschenkes nicht imstande gewesen zu sein, seinen Dank im vollen Umfang zum Ausdruck zu bringen! Oft fürchtet man, ein Ausdruck spontanen, herzlichen Dankes könne übertrieben und affektiert wirken und nicht ernst genommen werden, oder man hat Angst, daß eine Redewendung, wie etwa „Ihre liebenswürdige Aufmerksamkeit hat mich sehr erfreut“, wenn sie auch echt gemeint ist, durch den gewohnheitsmäßigen Gebrauch zu sehr entwertet sei, um noch das zu sagen, was ihr ursprünglicher Sinn war. Schlimmer ist es noch, wenn man seine Dankbarkeit schriftlich zum Ausdruck bringen muß; dann kann es vorkommen, daß uns alle Sätze, die uns einfallen, nicht passend erscheinen: entweder sagen sie zuviel oder zuwenig, oder sie sind zu kompliziert oder zu intim oder zu erkünstelt oder zu abgedroschen.

Je unerwarteter und persönlicher ein Geschenk ist, um so tiefer wird man dadurch gerührt, aber diese Rührung ist nicht immer leicht zum Ausdruck zu bringen. Je mehr ein Geschenk Pflicht oder Gewohnheit ist, um so schwerer fällt es, dennoch dafür aufrichtig zu danken. Achten wir auch darauf, wie sich die soziale Gabe ins Unpersönliche entartet hat: so beglückend es einerseits auch ist, ein persönliches Geschenk aus Nächstenliebe irgendeinem Hilfswerk oder einem Menschen, für den man sich direkt interessiert, zu geben, so sehr wird anderseits die organisierte und konventionelle Nächstenliebe, die in Einzahlungen auf das Postscheckkonto der sozialen Institutionen oder der Kirche besteht, zu einer Last.

Hüten wir uns immerhin, auf zu sehr absolute und vereinfachende Weise das spontane Geschenk dem Gewohnheitsgeschenk gegenüberzustellen, als ob der Sinn für das Persönliche nur mit dem ersteren verbunden wäre und dem letzteren fehlte. Denn der Begriff der Person umfaßt gleichzeitig sowohl den Begriff der Bejahung seines Selbst, seiner Neigungen und seiner persönlichen Entscheidungen wie auch den Sinn für Gemeinschaft, für menschliche Solidarität, die den Individualismus ausschließt. Nun, das konventionelle Geschenk ist ein Zeichen der Gemeinschaft. Man erkennt das deutlich an seinem stets mehr oder weniger rituellen Charakter. Wir begegnen einem alten Freund. Sofort wird er uns vorschlagen: „Komm, laß uns zusammen ein Glas Wein trinken!“ Versuchen wir nicht einzuwenden, wir hätten keine Zeit. Das wäre nicht nur eine Beleidigung unserm Freund gegenüber, sondern auch eine individualistische Kundgebung, die Verletzung eines gesellschaftlichen Ritus.

So entsprechen also die Geschenke abwechslungsweise den beiden wesentlichen Vorstellungen, die dem Begriff der Person zugrunde liegen. Sind sie sehr persönlich, so bestätigen sie die besondere Eigentümlichkeit und Geltung jedes Menschen; denn niemand kann mit einem andern verwechselt noch in einer Masse absorbiert werden. Sind sie sehr konventionell, so bestätigen sie, daß der Mensch in Beziehung zu seiner Umwelt, zu seinen Mitmenschen steht und nicht als Einzelwesen für sich allein lebt.

Denken wir an irgendeine menschliche Gemeinschaft, zum Beispiel an Soldaten im Urlaub oder an einen Radfahrverein; da heißt es: „An wem ist die Reihe, eine Runde zu bezahlen?“ Ein echter Ritus und gesellschaftlicher Kitt! Hierher gehören auch die Geschenke, welche die Staatsmänner bei offiziellen Besuchen ihren Gastgebern überreichen. Selbst in den entferntesten Zeiten der Geschichte findet man solche Gaben als obligatorische Zeichen einer Bündnisbereitschaft. Ferner sind hier die Geschenkbräuche in der Familie zu erwähnen, die Hochzeits- oder Verlobungs-, die Tauf- oder Konfirmationsgeschenke, die Weihnachts- und Neujahrsgeschenke, die Geschenke zu St. Nikolaus und zu Ostern oder selbst diejenigen zum „Mutter- oder Vatertag“, die von den Geschäftsleuten in Mode gebracht worden sind, um die Freude am Schenken auszunützen.

Gewisse puritanische Seelen beklagen sich zum Beispiel, daß die religiösen Feste ihren geistigen Sinn verloren hätten und nur noch Vorwand zu Geschenken seien. Aber Religion ist etwas, das verbindet, und das tun auch die Geschenke, die ja diesen Sinn für menschliche Gemeinschaft zum Ausdruck bringen. Und indem wir dafür die kindliche Unvoreingenommenheit wiederfinden, finden wir auch den Sinn für das, was uns mit Gott verbindet, wieder. Es geht darum, der Gemeinschaft in der Familie ihren geistigen Sinn wiederzugeben; es handelt sich darum, die Gemeinschaft mit den Menschen und die Gemeinschaft mit Gott in Einklang zu bringen, anstatt sie einander gegenüberzustellen; denn nie wird sich die Liebe Gottes von der Liebe der Menschen trennen lassen.

Wir wollen die Freude am Geben und die Freude am Nehmen nicht gering achten; beide sind unlösbar miteinander verbunden und bedeuten zugleich mit Freuden lieben und sich freuen, geliebt zu werden, was beides ebenfalls untrennbar zusammengehört. Schon im frühesten Alter bekundet das Kind seine Freude am Geben. Es schenkt, was es kann, ein Lächeln, einen Blick, einen Kuß. Sobald seine Hand einen Gegenstand, etwa ein Spielzeug, zu fassen vermag, hält es ihn hin, bietet es ihn an. Es kann vorkommen, daß es einem andern Kind einen Gegenstand verweigert, weil dieses ihn eifersüchtig für sich behalten möchte. Es beschenkt jedoch freigebig jeden, der sich mit ihm in dieses Spiel des gegenseitigen Gebens und Nehmens einläßt. Mit Vergnügen und Ausdauer wiederholt es diese Gebärde des abwechselnden Anbietens und Zurücknehmens, und hier zeigt sich zum erstenmal die Freude am menschlichen Austausch, von der wir anläßlich des Handels sprachen.

Die Freudsche Theorie führt den Geiz auf einen Stillstand in der Entwicklung des Säuglings auf der besitzergreifenden Stufe (stade captif) zurück. Ich bestreite diese Theorie nicht. Gewiß erscheint der Geizige als ein Mensch, der sich nicht entwickelt, nicht entfaltet hat, der sich der menschlichen Gemeinschaft verschließt. Aber das Kleinkind ist fröhlicher als er und geht weit weniger darauf aus, alles besitzen und für sich behalten zu wollen, als die Freudianer es behaupten. Die unendlich mannigfaltigen Abstufungen der menschlichen Natur sprengen immer wieder jedes doktrinäre Schema. Natürlich weint der Säugling, wenn er nach seiner Milchflasche verlangt, aber die Milchflasche zu bekommen, bedeutet keineswegs seinen ganzen Lebensinhalt. Er gibt und tut es gern und liebt es, Freude zu machen, schon vom frühesten Alter an. Und diese Freude am Geben nimmt immer mehr zu, wenn das Kind in einer harmonischen Umgebung aufwächst. Ich schreibe diese Zeilen in Algier, wo wir eben sind, um unsere Enkelkinder wiederzusehen. Das Töchterchen pendelt zwischen dem Haus und der Terrasse hin und her, auf welcher ich das unvergleichlich schöne

Panorama der Bucht von Algier bewundere; es bringt mir einzeln jedes Stück seines kleinen Puppengeschirrs. Das ist unterhaltender, als alles auf einmal zu bringen: es ist eine Vervielfältigung der Geschenke.

Für das Kind zählen die gesellschaftlichen Konventionen, das Eigentum und das Geld nicht, sondern es folgt spontan der Stimme seines Herzens. Es schenkt alles, was es findet: in einem Beet des öffentlichen Parks eine Blume pflücken, um sie seiner Mutter zu schenken, ist eine königliche Gebärde der Liebe. Und beim Versteckenspielen, das bei den Kindern immer so beliebt ist, tut es nur aus dem Grund immer wieder so, als ob es sich verstecken würde, weil es ihm Freude macht, sich wieder von neuem zu geben, wenn es aus seinem Versteck hervorkommt. Beweis dafür sind die Freudenrufe, die es beim Wiedersehen ausstößt, nach einem doch nur so kurzen Verschwinden! Das höchste Geschenk ist die Selbsthingabe.

Viele meiner Mitbürger werden sich noch an das reizende Gedicht meines Vaters erinnern, das erste, das sie auswendig gelernt hatten und an Weihnachten aufsagten, lange bevor sie lesen konnten[3].

„Was kann ich tun für den lieben Gott?
Bin ja noch so klein, so klein!
Doch was gibt mein Herz mir ein?
Ich will lieben mein Mütterlein!
Das kann ich tun, bin ich auch klein."

[3] *Louis Tournier:* Les Enfantines, Genève, Jeheber, 1896.

Glücklich ist, wer sein ganzes Leben lang diese kindliche Begeisterung bewahrt, wer gerne vor einem Schaufenster mit Geschenken stehen bleibt oder staunend die Reklameseiten der großen Illustrierten durchblättert, um all die schönen Geschenke zu betrachten, die man machen könnte, wenn man die nötigen Mittel dazu hätte! Glücklich die Völker, bei denen die Sitte des Schenkens sich in größerem Ausmaß lebendig erhalten hat als in den Ländern, die durch Industrie und Bürokratie erdrückt werden!

Das fällt einem zum Beispiel im Orient und in den arabischen Ländern auf. Als mein Sohn infolge eines Unglücksfalls in Algier im Spital lag, besuchten ihn sehr viele Muselmanen, aber nie kam irgendeiner von ihnen ohne Geschenk. In Griechenland sind wir nirgends hingegangen, ohne daß wir mit einem türkischen Kaffee, einer kandierten bitteren Orange, Eingemachtem oder andern Süßigkeiten empfangen worden wären. Als wir in Kreta bei Freunden unserer Athener Freunde einen Besuch machten, flüsterte ich meiner Frau im Vorbeigehen zu: „Schau! Welch schöne Schale!“ Sogleich nahm die Hausherrin die darin befindlichen Früchte heraus und hielt die Schale meiner Frau hin: „Nehmen Sie das! Es gehört Ihnen!“ Und auch die Früchte wurden uns nachher noch angeboten, zusammen mit andern kleinen Geschenken.

Im Sommer 1954 fand unsere jährliche internationale Zusammenkunft der „médecine de la personne“ in Griechenland statt. Die Mehrzahl der Teilnehmer fuhr mit dem „Achilleus“, diesem schönen, weißen

Schiff, vom Piräus aus zurück. Jedermann weiß, wie es bei diesen Abfahrten zugeht: wir standen alle an der Reeling, um das Manövrieren des Schiffes zu verfolgen. Die Schiffstreppe wurde eingeholt, die Taue wurden gelöst. Der kleine Schlepper war im Begriff, das Schiff langsam vom Kai wegzuziehen. In diesem Augenblick erschien im Laufschritt ein Beamter des Marineministeriums; er hielt ein Paket in die Höhe, indem er rief: „Ein Paket für Herrn Dr. Tournier!" Bei uns würde man antworten: „Es ist leider zu spät! Wir bedauern, aber wir haben keine Zeit mehr!" In Griechenland jedoch spielt die Zeit keine solche Rolle wie bei uns. Worauf es ankommt, das ist die Liebenswürdigkeit. Man machte die Taue wieder fest und holte das Schiff an den Kai; die Schiffstreppe wurde ausgebracht; der Beamte sprang darauf und übergab sein Paket. Ich öffnete es: es waren kleine Taschenspiegel für alle Frauen unserer Kongreßärzte darin, kleine Spiegel, mit der klassischen Ansicht der Akropolis auf der Rückseite.

Hier zeigt sich uns der Sinn des Geschenks, des persönlichen Geschenks: Jeder soll persönlich eine zusätzliche Erinnerung an diese unvergeßlichen Tage mit nach Hause nehmen. Ich selbst hatte viele Dinge geschenkt erhalten: unter anderem eine Ledermappe, ein Messer, ebenfalls mit einer Ansicht der Akropolis versehen, das mir ein mir kaum bekannter Kollege überreicht hatte; verschiedene Leuchter, darunter einen jüdischen; ein Gemälde als Geschenk von den Studenten sowie ein griechisches Neues Testament, um nur einige davon zu nennen.

Dieses Jahr fand die Zusammenkunft der „médecine de la personne“ in der Schweiz, im Ökumenischen Institut von Bossey, statt. Wir fuhren auch mit einem Schiff, aber dieses Mal auf dem Genfersee, um in Évian unter der Führung von Suzanne Fouché eines der einundzwanzig Häuser der Liga für Arbeitsumschulung der körperlich Behinderten zu besuchen, welche sie gegründet hat und mit soviel Hingabe leitet. Aber für uns Ärzte der „médecine de la personne“ konnten diese Invaliden, die wir besuchen gingen, nicht nur „Fälle“ oder eine unpersönliche Kollektivität darstellen, sondern jeder war für uns Mensch, Person. Wie hätten wir das besser zum Ausdruck bringen können als durch ein wenn auch noch so bescheidenes Geschenk, ein persönliches Geschenk für einen jeden von ihnen, und wir beauftragten zweiundfünfzig Kongreßteilnehmer, jedem der zweiundfünfzig Invaliden dieses Geschenk persönlich zu überreichen. Da die einen dort die Feinmechanik erlernen und und die andern die Buchhaltung, wählten wir kleine Taschenlupen, die sich ebensogut dazu eignen, die feinen Teilchen des Uhrwerks zu überprüfen, wie eine undeutlich geschriebene Ziffer in der Buchhaltung zu lesen.

Ja, die Liebe ist nicht etwas Abstraktes. Sie verlangt danach, sich zu bekunden, sich in Geschenken auszudrücken, in persönlichen und rituellen Geschenken. Lassen wir uns nicht täuschen: Die Bräuche und gesellschaftlichen Gepflogenheiten, wie Höflichkeit, Galanterie, Gastfreundschaft, wenn sie auch sehr formell erscheinen, haben einen tieferen

Sinn, nämlich: den andern Freude zu bereiten und dabei selbst Freude am Leben zu finden. Und wenn ein Mann sich in eine Frau verliebt, wird das Geschenk fast zur instinktiven Gebärde: Geschenk seiner Liebkosungen und seiner Küsse und der Zeit, die er ihr unbegrenzt widmet; bei allem Schönen aber, das er findet, hat er das Bedürfnis, es ihr zu schenken, ohne lange zu überlegen; er weiß, daß auch sie es schön finden wird; denn jedes Geschenk erscheint unendlich schön, wenn man liebt.

Es gibt jedoch Männer, die ihre Frau in der Verlobungszeit mit Geschenken überhäufen und ihr dann, wenn sie mit ihr verheiratet sind, kaum mehr etwas schenken, höchstens zu besonderen Anlässen wie den Geburtstagen. Das ist ein Zeichen einer noch sehr unentwickelten Liebe: die Geschenke an die Verlobte waren im Grunde egoistisch gemeint; sie wurden mehr in der Absicht gegeben, die Gunst der Braut zu gewinnen, als in der Absicht, sie glücklich zu machen. Jetzt, da ihre Gunst erworben ist, denkt dieser Gatte nicht mehr daran, seine Frau zu beschenken. Wenn man nicht mehr daran denkt, so bedeutet das, daß die Liebe erkaltet ist. Aber die Liebe ist imstande, von neuem aufzublühen, und plötzlich kann es geschehen, daß ein Mann seiner Frau auf der Straße den Arm bietet, was er schon seit vielen Jahren nicht mehr getan hatte, und sie wird diese Geste als ein wunderbares Geschenk empfinden. Und dieser Mann wird ganz erstaunt sein, seine Frau während mehrerer Tage gut gelaunt zu sehen, während er sie ebenfalls schon seit manchen Jahren nicht mehr anders als ganz verbittert, unzufrieden und gereizt gekannt hatte.

Das Geschenk vergegenwärtigt uns das geliebte Wesen auch. Hier das Beispiel einer Frau, die einmal träumte, daß sie einen Ring verloren hätte und ihn nicht mehr finden konnte. Ich fragte sie: „Wer hat Ihnen denn diesen Ring geschenkt?“ – „Oh, es war ein Geschenk von meinem Mann aus unserer Verlobungszeit.“ – „Sie lieben also Ihren Mann nicht mehr?“ – „Viel schlimmer noch, ich kann seine Gegenwart nicht mehr ertragen.“ So sehen wir, wie sich Verlobungspaare, wenn es zum Bruch kommt, gegenseitig all ihre Geschenke und all ihre Briefe zurückverlangen; sie können es beide nicht ertragen, daß eine gegenständliche Erinnerung an eine Liebe, die Schiffbruch erlitten hat, beim andern zurückbleibt.

Bei vorübergehenden Konflikten gelingt es den Ehegatten oft – sei es aus Nächsten- oder aus Eigenliebe –, ihren Groll voreinander zu verbergen. Ihre Reaktion den Geschenken gegenüber kann dann ihre geheimen Gefühle an den Tag bringen: zur Unterstützung seiner Beweisführung über die tiefere Bedeutung des Vergessens und der „Fehlhandlungen“ erzählt Freud, daß er einmal ein Geschenk verlegte, das er eben erst von seiner Frau erhalten hatte, zu einer Zeit, da die Liebe zwischen ihnen erkaltet war, und daß er das Geschenk sogleich wiederfand, als ihre Liebe von neuem aufzublühen begann.

Es kommt aber auch vor, daß Geschenke gewissermaßen zur Beruhigung des schlechten Gewissens dienen. Eine Frau bat mich um Rat wegen ihrer ehelichen Schwierigkeiten. Ich stellte ihr die Frage: „Glauben Sie, daß Ihr Mann Sie betrügt?“ „Ich habe allen Grund, es anzunehmen“, antwortete sie darauf, „denn ich erhalte von ihm in letzter Zeit oft Geschenke. Das ist immer dann der Fall, wenn er sich etwas hat zuschulden kommen lassen.“ So sehen wir, wie gewisse Ehemänner ihrer angetrauten Frau jedesmal dann eine Kleinigkeit schenken, wenn sie ihrer Geliebten etwas sehr Kostbares geben.

Diesem psychologischen Mechanismus begegnen wir übrigens auch in vielen weniger dramatischen Situationen: Manche Ehemänner beispielsweise machen ihrer Frau kleine Geschenke und bitten damit gleichsam um Vergebung, daß sie ihr nur sowenig Zeit widmen können, da sie durch ihren Beruf, die gesellschaftlichen Verpflichtungen und ihre kleinen Liebhabereien so sehr in Anspruch genommen sind. Oder sie machen ihr ein Geschenk, um sie für ein Vergnügen zu entschädigen, das sie ihr nicht gewähren können, wie zum Beispiel eine Reise.

So erscheint ein Geschenk manchmal als eine Art Steuer auf das Glück: ein kleines, andern gewährtes Vergnügen, um selbst mit gutem Gewissen ein großes Vergnügen genießen zu können, das den andern verwehrt ist. All das kann ziemlich unbewußt geschehen, ganz spontan. So verteilt eine junge Braut in ihrer überströmenden Freude an all ihre Freundinnen Geschenke, teils um sich gleichsam für ihr Glück zu entschuldigen, teils aus einem Bedürfnis heraus, die ganze Welt um sich herum glücklich zu wissen, damit sie selbst sich ungetrübter ihres eigenen Glücks erfreuen könne.

Es kommt anderseits aber auch vor, daß ein analoges Verhalten nicht mehr in aufrichtiger Absicht geschieht, sondern auf zynische Art. Ein Beispiel dafür ist jener Ehemann, der seiner Frau, nachdem sie ihn wegen einer ehebrecherischen Beziehung zur Rede gestellt hatte, antwortete: „Es liegt in deinem Interesse, die Augen zu schließen; denn wenn ich glücklich bin, werde ich viel netter zu dir sein; wenn du jedoch einen Abbruch dieser Beziehungen verlangst, werde ich dir das Leben sauer machen!" Eine solche Erpressung kommt ab und zu vor, wenn sie auch nicht immer auf so brutale Weise ausgesprochen wird: oft ist es eine Erpressung durch kleine Trostgeschenke, die der Mann seiner Frau in Form von wohlwollenden Aufmerksamkeiten macht, um ihre Helfershelferschaft zu erkaufen.

Und dennoch darf man wohl auch nicht übersehen, daß sich dieser Mann durch ein solches Verhalten noch auf indirekte Weise zu seinem Glauben an das heilige Gesetz der Ehe bekennt. Dieses kleine Geschenk an wohlwollenden Aufmerksamkeiten seiner Frau gegenüber ist nicht nur ein Tribut, mit dem er ihre Helfershelferschaft oder die Erlaubnis, sie zu betrügen, erkauft; es ist auch eine Art Schadenersatz, und wenn man Schadenersatz leistet, anerkennt man dadurch eine Verantwortung. Ja, das Gesetz der Unauflösbarkeit der Ehe ist nicht bloß eine Erfindung der Kirchen oder der Moralisten: es ist tief im menschlichen Herzen verankert. Einen andern paradoxen Beweis dafür geben uns all jene, die wie Ehegatten zusammenleben, ohne es zu wagen, sich zu heiraten; denn sie zweifeln daran, ihrem Versprechen treu bleiben zu können.

Trotz der Theorien über die sogenannte freie Liebe, die von Menschen zur Verdeckung ihrer Fehler und Schwächen verbreitet werden können, besitzen alle Menschen eine unzerstörbare Intuition für die absoluten Forderungen der Ehe. Gerade dieses Bedürfnis, ihr Gewissen zu entlasten, beweist es. Man frage die Verlobungspaare, was sie darüber denken! Es wird sich nicht eines finden, das sich nicht fest entschlossen zur gegenseitigen Treue bekennt. Man frage einen Mann oder eine Frau, die sich in irgendein Abenteuer eingelassen haben! Da ist keiner, der nicht fühlte, daß er sich selbst verrät, wenn er seinen Ehepartner betrügt. Alle empfinden, daß das Ja zur Ehe ein stärker verpflichtendes Geschenk ist als jedes andere, ein Geschenk, das nicht anders als ganz, endgültig, rückhaltlos gegeben werden kann. Und das ist nicht nur durch das gegenseitige Versprechen oder die Feierlichkeit der zivilen oder religiösen Zeremonie bedingt, sondern durch die Bedeutung der sexuellen Vereinigung an sich. Seinen eigenen Körper dem Geschlechtspartner geben, heißt sich selbst geben, heißt sich persönlich und für immer binden.

Um die höchste Hingabe an eine Idee, eine Sache, ein Werk, an seinen Glauben oder sein Vaterland zu veranschaulichen, braucht man die Redewendung: sich mit Leib und Seele hingeben. Das trifft wörtlich zu in außergewöhnlichen Umständen, bei Märtyrern und Helden. Das geschieht aber auch in vollem Umfang in der ehelichen Liebe, in der man sich rückhaltlos mit seiner ganzen Person an die Person des Partners hingibt. Wenn die Liebe zu keimen beginnt, drückt sie sich durch kleine Geschenke aus. Wenn sie aber zur vollen Entfaltung gekommen ist, kann es die Liebenden nicht mehr befriedigen, nur materielle Dinge zu geben; sie haben das Bedürfnis, sich selbst zu geben, und das kommt in der sexuellen Vereinigung zum Ausdruck. Und wenn ihnen daraus ein Kind erwächst, so sehen beide Ehegatten darin das schönste Geschenk, das sie einander zu geben vermögen, und zugleich auch das schönste, das sie voneinander empfangen können.

Das Ja bei der Heirat ist ein Geschenk, das man nicht mehr zurücknehmen kann. Alle Eheleute empfinden es schmerzlich, wenn sie beim Ehepartner oder in ihrem eigenen Herzen die geringste Einschränkung der totalen Einheit wahrnehmen, die sie in der ersten Begeisterung ihrer Liebe erahnt hatten. Nun, diese unmerkliche Steigerung vom kleinsten Geschenk bis zum höchsten des ehelichen Versprechens oder des sich opfernden Heldens offenbart uns die Bedeutung der Geschenke für den Menschen: er hat das Bedürfnis zu geben, weil er sich selbst geben möchte, und alle Geschenke, die er macht, sind Anzeichen dieser tiefen und universellen Neigung zur Selbsthingabe; denn leben heißt sich einsetzen.

Täuschen wir uns nicht: dieses ungeheure Verlangen nach Geschenken ist weniger ein Verlangen nach Vergnügen als ein Verlangen nach Liebe. Das Liebesbedürfnis der Menschen ist grenzenlos; es ist lebenswichtig. Die Freudianer zeigten es uns deutlich. Und das Wesentliche in der menschlichen Psychologie, das sind, wie Jean Paul Sartre es in einer seiner ersten Schriften[4] bestätigt hat, nicht die Tatsachen, sondern ihr Sinn, die Bedeutung, die sie für den Menschen annehmen. Diese Bedeutung ist es, die ihnen menschlichen Wert verleiht. Nun, die Bedeutung der Geschenke liegt in der Liebe, die sie ausdrücken, der gebenden und empfangenen Liebe. Alle Menschen haben das Bedürfnis, Liebe zu schenken und zu fühlen, daß sie erwidert wird. Alle sind auf der Suche nach Liebesbezeugungen und möchten spüren, daß sie aufrichtig geliebt werden. Wir begehren keine gänzlich uninteressierte Liebe, die nichts anderes mehr wäre als eine demütigende und trockene Nächstenliebe. Die Gegenseitigkeit ist recht eigentlich das Gesetz der Liebe: die Liebe erfreut nur, wenn sie erwidert wird.

Jeder Mensch hat das Bedürfnis zu fühlen, daß jemand sich wirklich für ihn interessiert. Und er möchte in allem, was der andere ihm gibt, eine Bestätigung für diese Liebe finden, vom unbedeutendsten kleinen Geschenk bis zum Geschenk seiner Zeit, seines Herzens und seines Lebens. Dieses Bedürfnis ist mächtig, viel größer, als die Menschen es einzugestehen vermöchten. Auf zahllose Arten betteln sie mehr oder weniger offen oder verschleiert um Liebe und

[4] *J. P. Sartre:* Esquisse d'une théorie des émotions. Essais philosophiques n⁰ 838, Paris, Hermann, 1939.

suchen nach jemandem, dem sie Liebe schenken dürfen.

Sie können davon krank werden. Kürzlich erhielt ich von einer Frau einen Brief. Sie hatte mich schriftlich wegen harmloser Störungen um Rat gefragt. Nun schrieb sie mir, es sei ihr plötzlich zum Bewußtsein gekommen, daß sie sich sehnlichst wünschte, schwer krank zu sein, um so mehr umhegt und gepflegt zu werden. Und das war nun doch eine Frau, die von einem feinfühlenden Gatten zärtlich geliebt wurde.

Man stelle sich auch nicht vor, dieses große Verlangen und Suchen nach Geschenken sei für die Menschen nur eine Art Selbsttäuschung, eine Art Betäubung mit kleinen Freuden, um sich über die großen hinwegzutrösten, die ihnen vorenthalten werden. Wir wollen vielmehr die tiefere Bedeutung der Geschenke, nach denen die Menschen suchen, verstehen lernen: sie alle sind Zeichen eines größeren Geschenks, auf das die Menschen warten, Zeichen einer absoluten, totalen, geheimnisvollen Liebe, die ihnen keine Ruhe läßt. Denn früher oder später werden sie bemerken, daß alle menschlichen Geschenke relativ und unsicher sind, selbst die schönsten und kostbarsten, selbst die in ehrlichster Absicht gegebenen. Alles, was man empfängt, kann man auch wieder verlieren. Die Liebe der Menschen kann immer abgeleugnet werden. Und ihre Geschenke sind, wie wir gesehen haben, nie ganz frei von jedem Hintergedanken zu herrschen, von Stolz oder Eigennutz. Aus diesem Grunde kann das Verlangen nicht gestillt werden. Es braucht immer wieder neue Geschenke, um die früheren zu ergänzen und zu bestätigen. Und selbst dieses Weiterbestehen des Verlangens ist ein Zeichen; durch diese unermüdliche Wiederholung wird es auf ein Ziel hingelenkt, nach dem alle Menschen unbewußt hinstreben: eine absolut sichere Liebe, die durch nichts mehr erschüttert werden kann. In diesem großen, universellen Suchen nach Geschenken drückt sich das große, universelle Suchen nach Gott aus, wie auch immer die Menschen ihn nennen mögen. Denn nur Der allein, Der alles erschaffen hat und Dem alle Dinge gehören, kann schenken, ohne etwas anderes dafür zu erwarten als unsere Dankbarkeit.

Dann wird man eines Tages begreifen, daß alles Gnade ist, daß die ganze Welt ein Geschenk Gottes ist, ein absolut freiwilliges, weil niemand ihn dazu gezwungen hat. Man versteht, daß jede Blume, jeder Tropfen Wasser, jede Minute unseres Lebens ein Geschenk Gottes ist. Und daß er alle Menschen daran teilhaben läßt, die, die ihn kennen, und die, die ihn nicht kennen, die, die ihn lieben, und die, die ihn nicht lieben. Man wird aber auch erkennen, daß, wenn auch seine Geschenke vollkommen uneigennützig sind, er trotzdem nicht ohne Interesse an den Menschen ist, die seine Geschenke empfangen, daß er uns liebt, einen jeden von uns besonders und persönlich, und daß er gerne gibt und sich freut, wenn wir uns freuen.

Ein Freund von mir, ein Deutscher, befand sich am Ende des Krieges in einem russischen Kriegsgefangenenlager. Dort begegnete er einem andern Gefangenen, einem jungen Theologen, der aus demselben Dorfe wie er stammte; sie waren früher zusammen in die Schule gegangen. Natürlich fragten sie sich gegenseitig aus: „Was ist aus dir geworden? Bist du verheiratet?" fragte der Theologe. – „Ja", antwortete mein Freund. „Und wen hast du denn geheiratet?" – „Die kleine Else; du erinnerst dich sicher noch an sie! Wir gingen zusammen zur Schule." – „Oh! Welch schönes Geschenk dir Gott da gemacht hat!" Es war dieses Wort, das meinen Freund bekehrte. Er war sicher vorher schon ein Christ gewesen, aber, wie das bei vielen Menschen der Fall ist, ohne noch all das zu verstehen, was ein persönlicher Gott bedeutet. Durch diesen Ausspruch erfaßte er plötzlich, daß seine junge Frau ein persönliches Geschenk Gottes war, ja daß er alles, was er liebte und was ihm teuer war, als persönliches Geschenk von Gott empfangen hatte.

Manche von uns erinnern sich sicher an jene schöne Stelle, wo Axel Munthe[5] zum Ausdruck bringt, daß das Kostbarste in dieser Welt umsonst ist. Ja, Sonne und Meer, Blumen, Luft, Leben, Schönheit und Wahrheit, alles können wir umsonst haben. Alles ist Gnade. Gott allein vermag gänzlich unentgeltlich zu schenken. Von ihm allein können wir alles empfangen, ohne je dadurch gedemütigt zu werden.

Diese ein wenig pantheistische Ansicht aber wird uns früher oder später nicht mehr befriedigen, auch

[5] *Axel Munthe:* Das Buch von San Michele, Leipzig 1931.

Sie nicht. Denn diese Welt besteht nicht nur aus Geschenken und Freuden. Es gibt auch Leiden, Entbehrungen, Niederlagen und Widerwärtigkeiten in ihr, und auch dafür suchen wir nach einem Sinn. Und ferner gibt es all das, was wir aus unserm Leben streichen möchten, worüber wir uns schämen, und das, was wir hätten tun wollen oder tun müssen und nicht getan haben, sowie das, was wir getan haben und nicht hätten tun wollen noch sollen. Aber die Würfel sind gefallen: wir können nicht mehr von vorne beginnen, und wenn wir es noch könnten, so käme es wieder ähnlich heraus.

Dann, im Angesicht des Todes, versteht man, daß alle Geschenke der Welt nur eine Täuschung sind, wenn es nicht ein Geschenk anderer Ordnung gibt, der Ordnung des Lebens selbst; dieses Geschenk können wir aus eigener Kraft nicht erreichen, trotz aller Siege, aller Freuden und aller Anstrengungen. Das große Geschenk, das einzige, das einen unabänderlichen Wert besitzen kann, das ist die Zusicherung des Lebens jenseits des Todes, die Zusicherung des inneren Friedens jenseits aller Gewissensqualen, die Zusicherung der Versöhnung mit sich selbst, mit dem Nächsten und mit Gott jenseits aller Konflikte, die alle Freuden des Daseins begleitet und verdunkelt haben.

Dieses große, einzigartige und lebendige Geschenk ist nicht mehr eine Sache, sondern eine Person, es ist Jesus Christus. In ihm hat sich Gott selbst gegeben; es geht nicht mehr um die Dinge, die er erschaffen hat oder erschafft, sondern um seine eigene

Person, sein eigenes Leiden, seine Einsamkeit bis in den Tod. Christus hat es selbst gesagt, kurz bevor er sein Kreuz auf sich nahm: „Niemand hat größere Liebe, denn die, daß er sein Leben läßt für seine Freunde."[6] Dieses höchste Geschenk besteht darin, daß Gott sich selbst voll und ganz eingesetzt und sein Kreuz auf sich genommen hat bis ans Ende, damit wir uns ganz auf dieses Geschenk verlassen können.

Und wir erfahren die fast unglaubhafte Botschaft, daß das alles wirklich ein Geschenk ist, das wir umsonst und bedingungslos erhalten, ohne Gegenleistung. Welches auch immer unsere Tugenden sind, wie groß auch unsere Reue sein mag, sie würden niemals ausreichen, um dieses Geschenk zu kaufen. Nun bietet Gott es uns großmütig an. Er selbst hat den Preis dafür durch den Tod seines Sohnes bezahlt. Die Tilgung all unserer Schuld, all unserer Gewissensbisse, all unserer Reue, all unserer Auflehnung, ein Geschenk. Die Bewahrung all unserer Freuden vor der Verschlingung durch den Tod, ein Geschenk. Ihre Vollendung in einer ewigen Freude, ein Geschenk.

Denn dieses Geschenk hier hört mit dem Kreuz und mit dem Tod nicht auf: Jesus Christus ist auferstanden, er hat sich zur Rechten Gottes gesetzt, er wird wiederkommen. Er hat verheißen, daß er alle Menschen zu sich ziehen werde, um sie an seinem Ruhm teilhaben zu lassen, gleich wie er sich mit ihren Leiden verbunden hat. Dann bekommt jedes Leiden,

[6] Johannes 15,13.